The Food and Exercise Journal: Master Se[...]
and Fitness Goals in 100 Days

ISBN: 978-1-948040-11-2

First Edition: February 2018

10 9 8 7 6 5 4 3 2 1

SAMPLE

Date: 1/1/2018

"An early-morning walk is a blessing for the whole day." - Adam Smith

☑ ☑ ☑ ☑
☑ ☑ ☐ ☐

☑ ☑ ☑ ☐
☐ ☐ ☐ ☐

Today, I am grateful for:

I am healthy and I am determined to be stronger

Daily Water and Fruits/Vegie
Recommend eight 8oz glasses
of water, and 5 portions of
Fruit/Vegie per day

Breakfast	Amount	Calories
Scramble egg burrito	1	250
Milk	8 oz	136

Total Calories: 386

Time: 7:45   Where: Kitchen

How do you feel about your meal?

1	2	3	4	5
○	○	○	✓	○

Lunch	Amount	Calories
Turkey sandwich	1	180
Apple	1	95
Water	8 oz	0

Total Calories: 275

Time: 12:15   Where: Office

How do you feel about your meal?

1	2	3	4	5
○	○	○	○	✓

☾ Dinner	Amount	Calories	Time: 7:30 Where: Kitchen
Seared steak	8 oz	300	
Oven roasted asparagus	20 spears	80	
Coke	12 oz	150	
Water	8 oz	0	

How do you feel about your meal?

1	2	3	4	5
☹	☹	😐	🙂	😄
○	○	○	✓	○

Total Calories: 530

🥤 Snack	Amount	Calories	Time	Where
Potato chips	28 gr	160	1:30 pm	Office
Geek Yogurt	25 gr	150	5:30 pm	Office

Total Calories: 310

Total Daily Calories: 1501

SAMPLE

🏃 Exercise	Desired Goal	Actual Goal	Calories Burned
Run with Peter	3 miles	3.5 miles	410
Walk around the office after lunch	30 mins	30 mins	90

Total Calories Burned: 500

Daily Happiness Score

How happy are you with your food & exercise today?

🍴 Food (1-5) : 4 + 5 + 4 = 13 ÷ 3 = 4.3

🏃 Exercise (1-5) : 5

Win tomorrow today! Fill out tomorrow exercise activities ☑

2

10 Day Recap

Time to measure your
DISCIPLINE
AND HAPPINESS!

My biggest achievement over the last 10 days:

I ate less but no longer felt hungry. I lost 2 pounds. Yeah!

My biggest challenge over the last 10 days:

I missed 2 days of exercise because of work.

Possible solutions to my challanges:

Filled out my planed excercise for the next day
the night before and stick to it.
Make it work no mater what. No Excuses!

10 Day Food Happiness Score

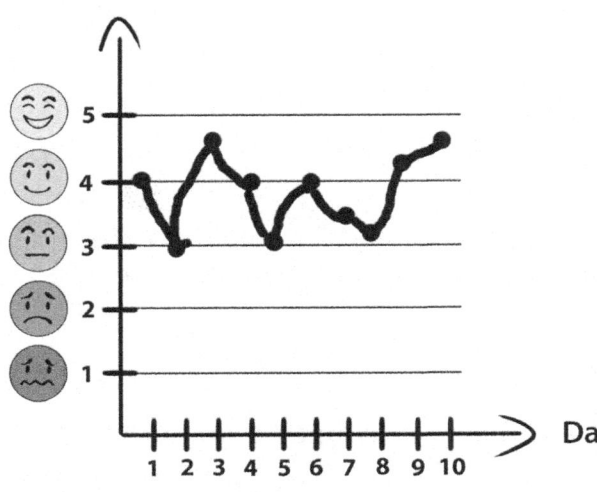

10 Day Exercise Happiness Score

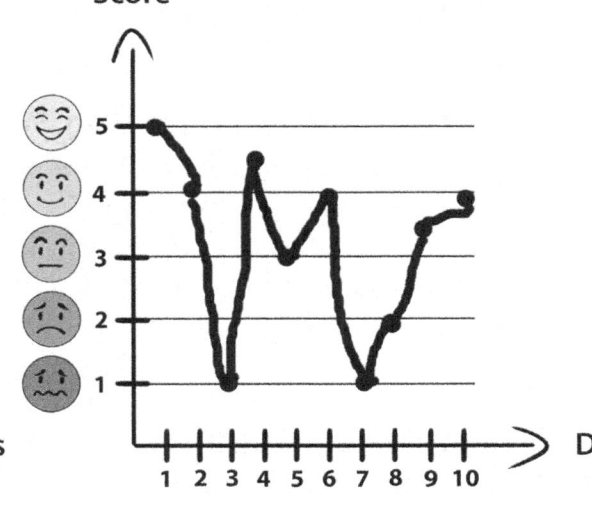

Food Happiness Average: Total score from 10 days: $34.5 \div 10 = 3.45$

Excercise Happiness Average: Total score from 10 days: $32 \div 10 = 3.2$

Did I become more disciplined with food and excercise in the last 10 days? (Y) N

To become more disciplined with my food over the next 10 days, I will:

Instead of chips for snack, I will try to substitude it with crunchy carrots

To become more disciplined with my excercise over the next 10 days, I will:

Stick to it. No skipping! No Excuses!

4

The Food and Exercise Journal

Welcome to this Food and Exercise Journal.

With this journal, you will be on your way to master self-discipline and reach your food and exercise goals in 100 days.

It seems we are surrounded by successful people everywhere these days and the majority of them make it look so easy.

How are some people more successful than others? Why some are fitted, happy and healthy, and most are not?

It all comes down to **self-discipline** - the catalyst to making your dreams a reality.

When we initially think of self-discipline, it conjures up ideas of a meditating Zen monk hiding away in a monastery, or an Olympic athlete spending years waking up before dawn and training every single day until dusk.

Of course, those are extreme examples that perpetuate the idea that self-discipline is impossible to achieve. The good news is that it is very possible. Whether learning to be more frugal with your money, giving up a troublesome vice or addiction, climbing Mount Everest, or remembering you're vegan on a drunken night out just in time to avoid the temptation of a delicious kebab—

with the right mindset, strategy, and system, you can make your goals attainable.

You probably know that everything worth pursuing involves hard work. Hard work takes time and most people give up before seeing any progress.

But not you! You are not those people! You are a badass that won't give up easily, and are ready for getting down instead of giving up.

The fact that you are reading this journal only amplifies your determination in getting the results you want, so Congratulations!

How this journal is going to help you? **Accountability!**

In 100 days, you will be a master at self-discipline and will get back the control over your food and health. And people will be surprise how unrecognizable you are.

HOW DOES THIS JOURNAL WORK?

DAILY JOURNAL

Gratitude – What you're grateful for? Acknowledge the small things in life you are grateful for, such as a sunny day, being healthy, or even having fluffy kittens. Think about something big too such as one of your recent biggest achievements.

This is a very simple daily morning routine that can easily take under 3 minutes, the same time you might usually spend checking messages on Facebook or Twitter, but in the simplicity lies the power that can transform your life.

Your daily water and fruit/vegie intakes: it's recommended that you drink at least eight 8oz glasses of water each day, and have at least 5 portions of fruit and vegetables. Use this check list to help you stay on track!

Your Food Journal Entries: Record everything you eat and drink for Breakfast, Lunch, and Dinner, as well as Snacks throughout the day. Add in your calories for each meal to help you keep track of the daily calories you consumed.

Your Exercise Journal: Write down your exercise activities for the day, as well as the calories burned. It's simple and fun, and will keep you motivated.

Your Happiness Score: Record how you feel after each meal, as well as your exercise, and see how you can improve to make things better.

Win tomorrow today: Fill out your exercise activities for tomorrow the night before will ensure you remain disciplined and make it easier for you to crush it.

10-DAY RECAP

Every 10 days, you will have an opportunities to do a 10-Day recap so you can review what is working and what is not. You will look back at your past 10 days and acknowledge your accomplishments as well as your food and exercise goals for the next 10 days.

Are you ready? Let the journey begin!

DAY 1

Date:
_____

"To enjoy the glow of good health, you must exercise." - Gene Tunney

☐ ☐ ☐ ☐
☐ ☐ ☐ ☐   ☐ ☐ ☐ ☐
☐ ☐ ☐ ☐

Today, I am grateful for:

Breakfast	Amount	Calories
- - - - -	- - - -	- - - -
- - - - -	- - - -	- - - -
- - - - -	- - - -	- - - -
- - - - -	- - - -	- - - -

Total Calories: _____

Time:_____Where:_____

How do you feel about your meal?

1	2	3	4	5
☹	☹	😐	🙂	😄
○	○	○	○	○

Lunch	Amount	Calories
- - - - -	- - - -	- - - -
- - - - -	- - - -	- - - -
- - - - -	- - - -	- - - -

Total Calories: _____

Time:_____Where:_____

How do you feel about your meal?

1	2	3	4	5
☹	☹	😐	🙂	😄
○	○	○	○	○

Dinner	Amount	Calories	Time:_____ Where:_____
- - - - - - - - - -	- - - -	- - - -	How do you feel about your meal?
- - - - - - - - - -	- - - -	- - - -	
- - - - - - - - - -	- - - -	- - - -	
- - - - - - - - - -	- - - -	- - - -	

How do you feel about your meal?

1	2	3	4	5
○	○	○	○	○

Total Calories: _____

Snack	Amount	Calories	Time	Where
- - - - - - - - - -				
- - - - - - - - - -				
- - - - - - - - - -				

Total Calories: _____

Total Daily Calories: [   ]

Exercise	Desired Goal	Actual Goal	Calories Burned
- - - - - - - - - -			
- - - - - - - - - -			
- - - - - - - - - -			

Total Calories Burned:_____

Daily Happiness Score

How happy are you with your food & exercise today?

Food (1-5) :_____+_____+_____=_____ ÷ _____=_____

Exercise (1-5) :_____

Win tomorrow today! Fill out tomorrow exercise activities ☐

10

DAY 2

Date: _____

"He who takes no chances wins nothing." - Danish Proverb

☐ ☐ ☐ ☐
☐ ☐ ☐ ☐

☐ ☐ ☐
☐ ☐ ☐

Today, I am grateful for:

Breakfast	Amount	Calories

Total Calories: _____

Time: _____ Where: _____

How do you feel about your meal?

1   2   3   4   5

○   ○   ○   ○   ○

Lunch	Amount	Calories

Total Calories: _____

Time: _____ Where: _____

How do you feel about your meal?

1   2   3   4   5

○   ○   ○   ○   ○

Dinner	Amount	Calories	Time:_____ Where:_____
- - - - - - - - - -			How do you feel about your meal?
- - - - - - - - - -			
- - - - - - - - - -			1 2 3 4 5
- - - - - - - - - -			○ ○ ○ ○ ○

Total Calories: _____

Snack	Amount	Calories	Time	Where
- - - - - - - -				
- - - - - - - -				
- - - - - - - -				

Total Calories: _____

Total Daily Calories: [   ]

Exercise	Desired Goal	Actual Goal	Calories Burned
- - - - - - - -			
- - - - - - - -			
- - - - - - - -			

Total Calories Burned:_____

Daily Happiness Score

How happy are you with your food & exercise today?

Food (1-5) :_____+_____+_____=_____ ÷ _____=_____

Exercise (1-5) :_____

Win tomorrow today! Fill out tomorrow exercise activities ☐

DAY 3

Date: _____

"I've found that luck is quite predictable. If you want more luck, take more chances." - Brian Tracy

□ □ □ □   □ □ □ □
□ □ □ □   □ □ □ □

Today, I am grateful for:

Breakfast	Amount	Calories
- - - - - - -	- - - - -	- - - - -
- - - - - - -	- - - - -	- - - - -
- - - - - - -	- - - - -	- - - - -
- - - - - - -	- - - - -	- - - - -

Time:_____ Where:_____

How do you feel about your meal?

1   2   3   4   5
○   ○   ○   ○   ○

Total Calories: _____

Lunch	Amount	Calories
- - - - - - -	- - - - -	- - - - -
- - - - - - -	- - - - -	- - - - -
- - - - - - -	- - - - -	- - - - -
- - - - - - -	- - - - -	- - - - -

Time:_____ Where:_____

How do you feel about your meal?

1   2   3   4   5
○   ○   ○   ○   ○

Total Calories: _____

13

Dinner	Amount	Calories	Time:_____ Where:_____
- - - - - - - - - -		- - - - -	How do you feel about your meal?
- - - - - - - - - -		- - - - -	
- - - - - - - - - -		- - - - -	
- - - - - - - - - -		- - - - -	

How do you feel about your meal?

1	2	3	4	5
○	○	○	○	○

Total Calories: _____

Snack	Amount	Calories	Time	Where
- - - - - - -	- - - - - -	- - - - - -	- - - - - -	- - - - - -
- - - - - - -	- - - - - -	- - - - - -	- - - - - -	- - - - - -
- - - - - - -	- - - - - -	- - - - - -	- - - - - -	- - - - - -

Total Calories: _____

Total Daily Calories: [_____]

Exercise	Desired Goal	Actual Goal	Calories Burned
- - - - - - -			
- - - - - - -			
- - - - - - -			

Total Calories Burned:_____

Daily Happiness Score

How happy are you with your food & exercise today?

Food (1-5) :_____ + _____ + _____ = _____ ÷ _____ = _____

Exercise (1-5) :_____

Win tomorrow today! Fill out tomorrow exercise activities ☐

DAY 4

Date:

_____

"If you want to achieve a high goal, you're going to have to take some chances." - Alberto Salazar

☐ ☐ ☐ ☐
☐ ☐ ☐ ☐

☐ ☐ ☐
☐ ☐ ☐

Today, I am grateful for:

Breakfast	Amount	Calories
- - - - -	- - - -	- - - - -
- - - - -	- - - -	- - - - -
- - - - -	- - - -	- - - - -
- - - - -	- - - -	- - - - -

Time:_____ Where:_____

How do you feel about your meal?

1	2	3	4	5
○	○	○	○	○

Total Calories: _____

Lunch	Amount	Calories
- - - - -	- - - -	- - - - -
- - - - -	- - - -	- - - - -
- - - - -	- - - -	- - - - -
- - - - -	- - - -	- - - - -

Time:_____ Where:_____

How do you feel about your meal?

1	2	3	4	5
○	○	○	○	○

Total Calories: _____

Dinner	Amount	Calories	Time:_____ Where:_____
- - - - - - - - - -			How do you feel about your meal?
- - - - - - - - - -			
- - - - - - - - - -			
- - - - - - - - - -			

How do you feel about your meal?

1	2	3	4	5
○	○	○	○	○

Total Calories: _____

Snack	Amount	Calories	Time	Where
- - - -				
- - - -				
- - - -				

Total Calories: _____

Total Daily Calories: [   ]

Exercise		Desired Goal	Actual Goal	Calories Burned
- - - -				
- - - -				
- - - -				

Total Calories Burned:_____

Daily Happiness Score

How happy are you with your food & exercise today?

Food (1-5) :_____+_____+_____=_____ ÷ _____=_____

Exercise (1-5) :_____

Win tomorrow today! Fill out tomorrow exercise activities ☐

DAY 5

Date: _____

"Consistency is the enemy of enterprise, just as symmetry is the enemy of art." - George Bernard Shaw

☐ ☐ ☐ ☐
☐ ☐ ☐ ☐   🍎   ☐ ☐ ☐ ☐
                     ☐ ☐ ☐ ☐

Today, I am grateful for:

☀ Breakfast	Amount	Calories

Time:_____ Where:_____

How do you feel about your meal?

1	2	3	4	5
😣	🙁	😐	🙂	😄
○	○	○	○	○

Total Calories: _____

☀ Lunch	Amount	Calories

Time:_____ Where:_____

How do you feel about your meal?

1	2	3	4	5
😣	🙁	😐	🙂	😄
○	○	○	○	○

Total Calories: _____

Dinner	Amount	Calories	Time:_____ Where:_____
- - - - - - - - - - - - -	- - - - - -	- - - - -	
- - - - - - - - - - - - -	- - - - - -	- - - - -	
- - - - - - - - - - - - -	- - - - - -	- - - - -	
- - - - - - - - - - - - -	- - - - - -	- - - - -	

How do you feel about your meal?

1	2	3	4	5
○	○	○	○	○

Total Calories: _____

Snack	Amount	Calories	Time	Where
- - - - - - - - -	- - - - - -	- - - - -	- - - - -	- - - - - -
- - - - - - - - -	- - - - - -	- - - - -	- - - - -	- - - - - -
- - - - - - - - -	- - - - - -	- - - - -	- - - - -	- - - - - -

Total Calories: _____

Total Daily Calories: [_____]

Exercise	Desired Goal	Actual Goal	Calories Burned
- - - - - - - - -	- - - - - -	- - - - -	- - - - -
- - - - - - - - -	- - - - - -	- - - - -	- - - - -
- - - - - - - - -	- - - - - -	- - - - -	- - - - -

Total Calories Burned:_____

Daily Happiness Score

How happy are you with your food & exercise today?

Food (1-5) :_____ +_____ +_____ =_____ ÷ _____ =_____

Exercise (1-5) :_____

Win tomorrow today! Fill out tomorrow exercise activities ☐

DAY 6

Date: _____

"My name is CONSISTENCY, I am related to SUCCESS. We should hang out more often than? Every once in a while." - Kim Garst

☐☐☐☐
☐☐☐☐   ☐☐☐☐
             ☐☐☐☐

Today, I am grateful for:

Breakfast	Amount	Calories
- - - - -	- - - -	- - - -
- - - - -	- - - -	- - - -
- - - - -	- - - -	- - - -
- - - - -	- - - -	- - - -

Time:_____ Where:_____

How do you feel about your meal?

1   2   3   4   5

○   ○   ○   ○   ○

Total Calories: _____

Lunch	Amount	Calories
- - - - -	- - - -	- - - -
- - - - -	- - - -	- - - -
- - - - -	- - - -	- - - -

Time:_____ Where:_____

How do you feel about your meal?

1   2   3   4   5

○   ○   ○   ○   ○

Total Calories: _____

C Dinner	Amount	Calories	Time:_____ Where:_____
- - - - - - - - -			How do you feel about your meal?
- - - - - - - - -			1 2 3 4 5
- - - - - - - - -			⊗ ⊗ ⊗ ☺ ☺
- - - - - - - - -			○ ○ ○ ○ ○

Total Calories: _____

🥤 Snack	Amount	Calories	Time	Where
- - - - - - - - -				
- - - - - - - - -				
- - - - - - - - -				

Total Calories: _____

Total Daily Calories: [   ]

🏃 Exercise	Desired Goal	Actual Goal	Calories Burned
- - - - - - - - -			
- - - - - - - - -			
- - - - - - - - -			

Total Calories Burned:_____

Daily Happiness Score

How happy are you with your food & exercise today?

🍽 Food (1-5) :_____ + _____ + _____ = _____ ÷ _____ = _____

🏃 Exercise (1-5) :_____

Win tomorrow today! Fill out tomorrow exercise activities ☐

DAY 7

Date: _____

"Necessity is the mother of taking chances." - Mark Twain

☐ ☐ ☐ ☐
☐ ☐ ☐ ☐   ☐ ☐ ☐ ☐
                  ☐ ☐ ☐ ☐

Today, I am grateful for:

Breakfast	Amount	Calories
- - - - -	- - - -	- - - - -
- - - - -	- - - -	- - - - -
- - - - -	- - - -	- - - - -
- - - - -	- - - -	- - - - -

Time:_____ Where:_____

How do you feel about your meal?

1	2	3	4	5
○	○	○	○	○

Total Calories: _____

Lunch	Amount	Calories
- - - - -	- - - -	- - - - -
- - - - -	- - - -	- - - - -
- - - - -	- - - -	- - - - -
- - - - -	- - - -	- - - - -

Time:_____ Where:_____

How do you feel about your meal?

1	2	3	4	5
○	○	○	○	○

Total Calories: _____

Dinner	Amount	Calories	Time:_____ Where:_____
- - - - - - - - - - - -			How do you feel about your meal?
- - - - - - - - - - - -			
- - - - - - - - - - - -			
- - - - - - - - - - - -			

How do you feel about your meal?

1	2	3	4	5
☹	☹	😐	🙂	😄
○	○	○	○	○

Total Calories: _____

Snack	Amount	Calories	Time	Where
- - - - - - - -				
- - - - - - - -				
- - - - - - - -				

Total Calories: _____

Total Daily Calories: [_____]

Exercise	Desired Goal	Actual Goal	Calories Burned
- - - - - - - -			
- - - - - - - -			
- - - - - - - -			

Total Calories Burned:_____

Daily Happiness Score

How happy are you with your food & exercise today?

Food (1-5) :_____+_____+_____=_____ ÷ _____=_____

Exercise (1-5) :_____

Win tomorrow today! Fill out tomorrow exercise activities ☐

DAY 8

Date: _____

"Failure will never overtake me if my determination to succeed is strong enough." - Og Mandino

Today, I am grateful for:

☀ Breakfast	Amount	Calories
- - - - - - -	- - - - -	- - - - -
- - - - - - -	- - - - -	- - - - -
- - - - - - -	- - - - -	- - - - -
- - - - - - -	- - - - -	- - - - -
	Total Calories: _____	

Time:_____ Where:_____

How do you feel about your meal?

1	2	3	4	5
○	○	○	○	○

☀ Lunch	Amount	Calories
- - - - - - -	- - - - -	- - - - -
- - - - - - -	- - - - -	- - - - -
- - - - - - -	- - - - -	- - - - -
- - - - - - -	- - - - -	- - - - -
	Total Calories: _____	

Time:_____ Where:_____

How do you feel about your meal?

1	2	3	4	5
○	○	○	○	○

C Dinner	Amount	Calories
- - - - - - - -		
- - - - - - - -		
- - - - - - - -		
- - - - - - - -		

Time:_____ Where:_____

How do you feel about your meal?

1	2	3	4	5
☹	☹	😐	🙂	😄
○	○	○	○	○

Total Calories: _____

🍟 Snack	Amount	Calories	Time	Where
- - - - -				
- - - - -				
- - - - -				

Total Calories: _____

Total Daily Calories: [   ]

🏃 Exercise	Desired Goal	Actual Goal	Calories Burned
- - - - -			
- - - - -			
- - - - -			

Total Calories Burned:_____

Daily Happiness Score

How happy are you with your food & exercise today?

🍽 Food (1-5) :_____+_____+_____=_____ ÷ _____=_____

🏃 Exercise (1-5) :_____

Win tomorrow today! Fill out tomorrow exercise activities ☐

24

 DAY 9

Date: _____

"Nothing lifts me out of a bad mood better than a hard work out on my treadmill. It never fails. Exercise is nothing short of a miracle." - Cher

☐ ☐ ☐ ☐
☐ ☐ ☐ ☐

☐ ☐ ☐ ☐
☐ ☐ ☐ ☐

Today, I am grateful for:

Breakfast	Amount	Calories
- - - - -	- - - -	- - - -
- - - - -	- - - -	- - - -
- - - - -	- - - -	- - - -
- - - - -	- - - -	- - - -

Time:_____Where:_____

How do you feel about your meal?

1	2	3	4	5
◯	◯	◯	◯	◯

Total Calories: _____

Lunch	Amount	Calories
- - - - -	- - - -	- - - -
- - - - -	- - - -	- - - -
- - - - -	- - - -	- - - -

Time:_____Where:_____

How do you feel about your meal?

1	2	3	4	5
◯	◯	◯	◯	◯

Total Calories: _____

25

C Dinner	Amount	Calories	Time:_____ Where:_____
- - - - - - - -		- - - - -	How do you feel about your meal?
- - - - - - - -		- - - - -	
- - - - - - - -		- - - - -	1 2 3 4 5
- - - - - - - -		- - - - -	○ ○ ○ ○ ○

Total Calories: _____

Snack	Amount	Calories	Time	Where
- - - - - - - -	- - - - - -	- - - - - -	- - - - -	- - - - -
- - - - - - - -	- - - - - -	- - - - - -	- - - - -	- - - - -
- - - - - - - -	- - - - - -	- - - - - -	- - - - -	- - - - -

Total Calories: _____

Total Daily Calories: [   ]

Exercise	Desired Goal	Actual Goal	Calories Burned
- - - - - - - -	- - - - - -	- - - - - -	- - - - -
- - - - - - - -	- - - - - -	- - - - - -	- - - - -
- - - - - - - -	- - - - - -	- - - - - -	- - - - -

Total Calories Burned:_____

Daily Happiness Score

How happy are you with your food & exercise today?

Food (1-5) :_____ + _____ + _____ = _____ ÷ _____ = _____

Exercise (1-5) :_____

Win tomorrow today! Fill out tomorrow exercise activities ☐

Date:
_____

"The weak can never forgive. Forgiveness is the attribute of the strong." -
Mahatma Gandhi

☐ ☐ ☐ ☐
☐ ☐ ☐ ☐

☐ ☐ ☐ ☐
☐ ☐ ☐ ☐

Today, I am grateful for:

Breakfast	Amount	Calories
- - - - - - - -	- - - - - -	- - - - - -
- - - - - - - -	- - - - - -	- - - - - -
- - - - - - - -	- - - - - -	- - - - - -
- - - - - - - -	- - - - - -	- - - - - -

Time:_____ Where:_____

How do you feel about your meal?

1　　2　　3　　4　　5

○　○　○　○　○

Total Calories: _____

Lunch	Amount	Calories
- - - - - - - -	- - - - - -	- - - - - -
- - - - - - - -	- - - - - -	- - - - - -
- - - - - - - -	- - - - - -	- - - - - -
- - - - - - - -	- - - - - -	- - - - - -

Time:_____ Where:_____

How do you feel about your meal?

1　　2　　3　　4　　5

○　○　○　○　○

Total Calories: _____

Dinner	Amount	Calories	Time:_____ Where:_____
- - - - - - - -			How do you feel about your meal?
- - - - - - - -			
- - - - - - - -			1 2 3 4 5
- - - - - - - -			⃝ ⃝ ⃝ ⃝ ⃝

Total Calories: _____

Snack	Amount	Calories	Time	Where
- - - - - -				
- - - - - -				
- - - - - -				

Total Calories: _____

Total Daily Calories: [   ]

Exercise	Desired Goal	Actual Goal	Calories Burned
- - - - - -			
- - - - - -			
- - - - - -			

Total Calories Burned:_____

Daily Happiness Score

How happy are you with your food & exercise today?

Food (1-5) :_____ +_____ +_____ =_____ ÷ _____ = _____

Exercise (1-5) :_____

Win tomorrow today! Fill out tomorrow exercise activities ☐

10 Day Recap

Time to measure your
DISCIPLINE
AND HAPPINESS!

My biggest achievement over the last 10 days:

My biggest challenge over the last 10 days:

Possible solutions to my challanges:

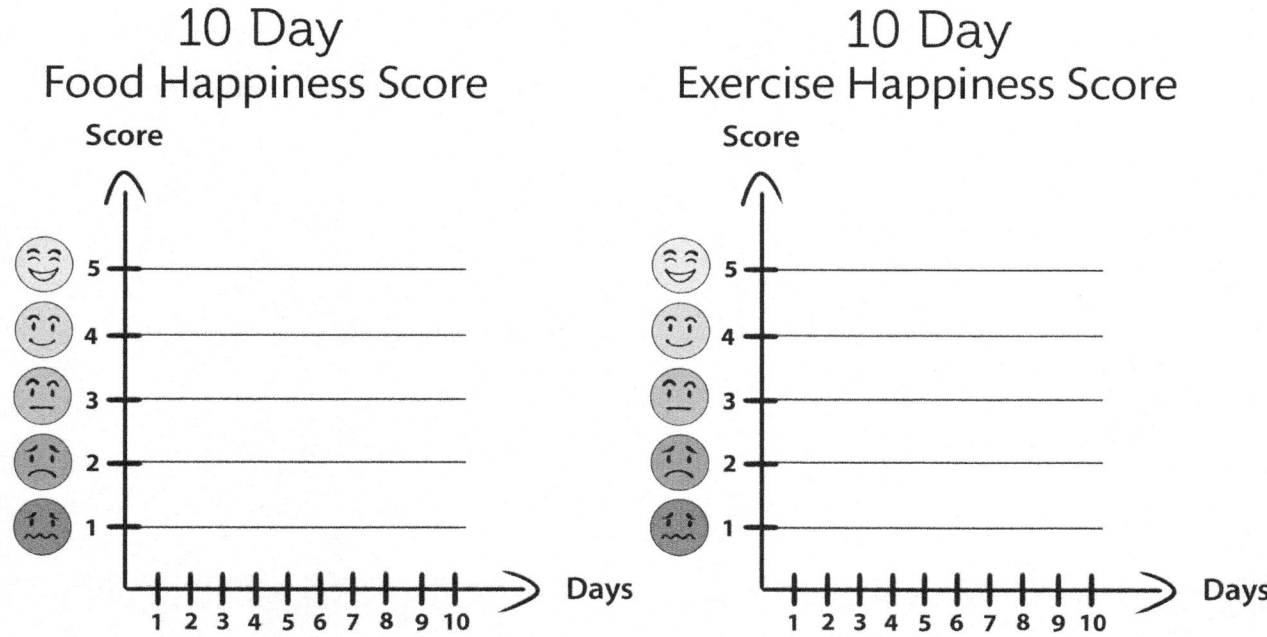

Food Happiness Average: Total score from 10 days: _____ ÷ 10 = _____

Excercise Happiness Average: Total score from 10 days: _____ ÷10 = _____

Did I become more disciplined with food and excercise in the last 10 days? **Y N**

To become more disciplined with my food over the next 10 days, I will:

To become more disciplined with my excercise over the next 10 days, I will:

YOU ARE 10% COMPLETED!

LET'S KEEP GOING!

DAY *11*

Date:
_____

"I have to exercise in the morning before my brain figures out what I'm doing." - Marsha Doble

Today, I am grateful for:

☀ Breakfast	Amount	Calories	Time:_____ Where:_____
- - - - - - - -			How do you feel about your meal?
- - - - - - - -			1 2 3 4 5
- - - - - - - -			😫 😟 😐 🙂 😄
- - - - - - - -			○ ○ ○ ○ ○
	Total Calories: _____		

☀ Lunch	Amount	Calories	Time:_____ Where:_____
- - - - - - - -			How do you feel about your meal?
- - - - - - - -			1 2 3 4 5
- - - - - - - -			😫 😟 😐 🙂 😄
- - - - - - - -			○ ○ ○ ○ ○
	Total Calories: _____		

C Dinner	Amount	Calories	Time:_____ Where:_____
- - - - - - - -		- - - - -	How do you feel about your meal?
- - - - - - - -		- - - - -	
- - - - - - - -		- - - - -	
- - - - - - - -		- - - - -	

How do you feel about your meal?

1	2	3	4	5
😖	🙁	😐	🙂	😄
○	○	○	○	○

Total Calories: _____

🥤 Snack	Amount	Calories	Time	Where
- - - - - -				- - - - - -
- - - - - -				- - - - - -
- - - - - -				- - - - - -

Total Calories: _____

Total Daily Calories: [_____]

🏃 Exercise	Desired Goal	Actual Goal	Calories Burned
- - - - - -			- - - - - -
- - - - - -			- - - - - -
- - - - - -			- - - - - -

Total Calories Burned:_____

Daily Happiness Score

How happy are you with your food & exercise today?

🍲 Food (1-5) :_____ +_____ +_____ =_____ ÷ _____ =_____

🏃 Exercise (1-5) :_____

Win tomorrow today! Fill out tomorrow exercise activities ☐

DAY *12*

Date: _____

"Consistency requires you to be as ignorant today as you were a year ago." - Bernard Berenson

☐ ☐ ☐ ☐
☐ ☐ ☐ ☐   ☐ ☐ ☐ ☐
                  ☐ ☐ ☐ ☐

Today, I am grateful for:

Breakfast	Amount	Calories
- - - - -	- - - -	- - - -
- - - - -	- - - -	- - - -
- - - - -	- - - -	- - - -
- - - - -	- - - -	- - - -

Time:_____Where:_____

How do you feel about your meal?

1   2   3   4   5
☹   🙁   😐   🙂   😄
○   ○   ○   ○   ○

Total Calories: _____

Lunch	Amount	Calories
- - - -	- - - -	- - - -
- - - -	- - - -	- - - -
- - - -	- - - -	- - - -
- - - -	- - - -	- - - -

Time:_____Where:_____

How do you feel about your meal?

1   2   3   4   5
☹   🙁   😐   🙂   😄
○   ○   ○   ○   ○

Total Calories: _____

C Dinner	Amount	Calories	Time:_____ Where:_____

How do you feel about your meal?

1	2	3	4	5
○	○	○	○	○

Total Calories: _____

🥤 Snack	Amount	Calories	Time	Where

Total Calories: _____

Total Daily Calories: [   ]

🏃 Exercise	Desired Goal	Actual Goal	Calories Burned

Total Calories Burned:_____

Daily Happiness Score

How happy are you with your food & exercise today?

🍓 Food (1-5) :____+____+____=____ ÷ ____=____

🏃 Exercise (1-5) :____

Win tomorrow today! Fill out tomorrow exercise activities ☐   36

 **DAY 13**

Date:
_____

"If you aren't making some mistakes, you aren't taking enough chances."
- John Sculley

☐ ☐ ☐ ☐
☐ ☐ ☐ ☐   ☐ ☐ ☐ ☐
                 ☐ ☐ ☐ ☐

Today, I am grateful for:

Breakfast	Amount	Calories

Total Calories: _____

Time:_____ Where:_____

How do you feel about your meal?

1	2	3	4	5
○	○	○	○	○

Lunch	Amount	Calories

Total Calories: _____

Time:_____ Where:_____

How do you feel about your meal?

1	2	3	4	5
○	○	○	○	○

C Dinner	Amount	Calories	Time:_____ Where:_____
- - - - - - - - - - - -	- - - - - - -	- - - - - - -	How do you feel about your meal?
- - - - - - - - - - - -	- - - - - - -	- - - - - - -	1 2 3 4 5
- - - - - - - - - - - -	- - - - - - -	- - - - - - -	☹ ☹ 😐 🙂 😄
- - - - - - - - - - - -	- - - - - - -	- - - - - - -	○ ○ ○ ○ ○

Total Calories: _____

🥤 Snack	Amount	Calories	Time	Where
- - - - - - - - - -	- - - - - - -	- - - - - - -	- - - - - - -	- - - - - - -
- - - - - - - - - -	- - - - - - -	- - - - - - -	- - - - - - -	- - - - - - -
- - - - - - - - - -	- - - - - - -	- - - - - - -	- - - - - - -	- - - - - - -

Total Calories: _____

Total Daily Calories: [_____]

🏃 Exercise	Desired Goal	Actual Goal	Calories Burned
- - - - - - - - - -	- - - - - - -	- - - - - - -	- - - - - - -
- - - - - - - - - -	- - - - - - -	- - - - - - -	- - - - - - -
- - - - - - - - - -	- - - - - - -	- - - - - - -	- - - - - - -

Total Calories Burned:_____

Daily Happiness Score
How happy are you with your food & exercise today?
🍽 Food (1-5) :_____ +_____ +_____ =_____ ÷ _____ =_____
🏃 Exercise (1-5) :_____

Win tomorrow today! Fill out tomorrow exercise activities ☐

DAY *14*

Date: _____

"I've got to take chances and get out there. What are you going to do, sit home and knit? I don't knit." - Cybill Shepherd

Today, I am grateful for:

☀ Breakfast	Amount	Calories
- - - - - - -	- - - - -	- - - - -
- - - - - - -	- - - - -	- - - - -
- - - - - - -	- - - - -	- - - - -
- - - - - - -	- - - - -	- - - - -

Total Calories: _____

Time:_____ Where:_____

How do you feel about your meal?

1   2   3   4   5
○   ○   ○   ○   ○

☀ Lunch	Amount	Calories
- - - - - - -	- - - - -	- - - - -
- - - - - - -	- - - - -	- - - - -
- - - - - - -	- - - - -	- - - - -
- - - - - - -	- - - - -	- - - - -

Total Calories: _____

Time:_____ Where:_____

How do you feel about your meal?

1   2   3   4   5
○   ○   ○   ○   ○

C Dinner	Amount	Calories	Time:_____ Where:_____
- - - - - - - - - - - - - -			How do you feel about your meal?
- - - - - - - - - - - - - -			
- - - - - - - - - - - - - -			1 2 3 4 5
- - - - - - - - - - - - - -			○ ○ ○ ○ ○

Total Calories: _____

Snack	Amount	Calories	Time	Where
- - - - - - -				
- - - - - - -				
- - - - - - -				

Total Calories: _____

Total Daily Calories: [_____]

Exercise	Desired Goal	Actual Goal	Calories Burned
- - - - - - -			
- - - - - - -			
- - - - - - -			

Total Calories Burned:_____

Daily Happiness Score

How happy are you with your food & exercise today?

🥗 Food (1-5) :_____+_____+_____=_____ ÷ _____=_____

🏃 Exercise (1-5) :_____

Win tomorrow today! Fill out tomorrow exercise activities ☐

DAY *15*

Date:
_____

"A heart is a strong muscle and what do muscles do when they are torn? They grow back STRONGER!"- Ivan Avendano

☐☐☐☐
☐☐☐☐

☐☐☐☐
☐☐☐☐

Today, I am grateful for:

Breakfast	Amount	Calories
- - - - - - - -	- - - - - - -	- - - - - - -
- - - - - - - -	- - - - - - -	- - - - - - -
- - - - - - - -	- - - - - - -	- - - - - - -
- - - - - - - -	- - - - - - -	- - - - - - -

Time:_____Where:_____

How do you feel about your meal?

1　　2　　3　　4　　5
○　　○　　○　　○　　○

Total Calories: _____

Lunch	Amount	Calories
- - - - - - - -	- - - - - - -	- - - - - - -
- - - - - - - -	- - - - - - -	- - - - - - -
- - - - - - - -	- - - - - - -	- - - - - - -
- - - - - - - -	- - - - - - -	- - - - - - -

Time:_____Where:_____

How do you feel about your meal?

1　　2　　3　　4　　5
○　　○　　○　　○　　○

Total Calories: _____

Dinner	Amount	Calories	Time:_____ Where:_____

How do you feel about your meal?

1	2	3	4	5
😖	🙁	😐	🙂	😄
○	○	○	○	○

Total Calories: _____

Snack	Amount	Calories	Time	Where
- - - - - -				
- - - - - -				
- - - - - -				

Total Calories: _____

Total Daily Calories: [_____]

Exercise	Desired Goal	Actual Goal	Calories Burned
- - - - - -			
- - - - - -			
- - - - - -			

Total Calories Burned:_____

Daily Happiness Score

How happy are you with your food & exercise today?

Food (1-5) :_____+_____+_____ =_____ ÷ _____ =_____

Exercise (1-5) :_____

Win tomorrow today! **Fill out tomorrow exercise activities** ☐ 42

DAY *16*

Date: _____

"Walking is the best possible exercise. Habituate yourself to walk very far." - Thomas Jefferson

☐ ☐ ☐ ☐
☐ ☐ ☐ ☐   ☐ ☐ ☐ ☐
☐ ☐ ☐ ☐

Today, I am grateful for:

Breakfast	Amount	Calories
- - - - - - -	- - - - - -	- - - - - -

Time:_____ Where:_____

How do you feel about your meal?

1   2   3   4   5
○   ○   ○   ○   ○

Total Calories: _____

Lunch	Amount	Calories
- - - - - - -	- - - - - -	- - - - - -

Time:_____ Where:_____

How do you feel about your meal?

1   2   3   4   5
○   ○   ○   ○   ○

Total Calories: _____

Dinner

	Amount	Calories	
- - - - - - - -			- - - - -
- - - - - - - -			- - - - -
- - - - - - - -			- - - - -
- - - - - - - -			- - - - -

Time:_____ Where:_____

How do you feel about your meal?

1	2	3	4	5
○	○	○	○	○

Total Calories: _____

Snack

	Amount	Calories	Time	Where
- - - - - -				- - - - - -
- - - - - -				- - - - - -
- - - - - -				- - - - - -

Total Calories: _____

Total Daily Calories: [   ]

Exercise

	Desired Goal	Actual Goal	Calories Burned
- - - - - -			
- - - - - -			
- - - - - -			

Total Calories Burned:_____

Daily Happiness Score

How happy are you with your food & exercise today?

Food (1-5) :_____+_____+_____=_____ ÷ _____=_____

Exercise (1-5) :_____

Win tomorrow today! Fill out tomorrow exercise activities ☐

44

Date:
_____

"Our lives improve only when we take chances - and the first and most difficult risk we can take is to be honest with ourselves." - Walter Anderson

☐☐☐☐
☐☐☐☐

☐☐☐☐
☐☐☐☐

Today, I am grateful for:

Breakfast	Amount	Calories
- - - - - - -	- - - - - -	- - - - - - -
- - - - - - -	- - - - - -	- - - - - - -
- - - - - - -	- - - - - -	- - - - - - -
- - - - - - -	- - - - - -	- - - - - - -

Time:_____Where:_____

How do you feel about your meal?

1　2　3　4　5
○　○　○　○　○

Total Calories: _____

Lunch	Amount	Calories
- - - - - - -	- - - - - -	- - - - - - -
- - - - - - -	- - - - - -	- - - - - - -
- - - - - - -	- - - - - -	- - - - - - -
- - - - - - -	- - - - - -	- - - - - - -

Time:_____Where:_____

How do you feel about your meal?

1　2　3　4　5
○　○　○　○　○

Total Calories: _____

Dinner	Amount	Calories	Time:_____ Where:_____

How do you feel about your meal?

1	2	3	4	5
😫	😟	😐	🙂	😄
○	○	○	○	○

Total Calories: _____

Snack	Amount	Calories	Time	Where

Total Calories: _____

Total Daily Calories: [   ]

Exercise	Desired Goal	Actual Goal	Calories Burned

Total Calories Burned:_____

Daily Happiness Score

How happy are you with your food & exercise today?

Food (1-5) :_____+_____+_____=_____ ÷ _____=_____

Exercise (1-5) :_____

Win tomorrow today! Fill out tomorrow exercise activities ☐

DAY *18*

Date: _____

"The weak fall, but the strong will remain and never go under!" - *Anne Frank*

☐ ☐ ☐ ☐
☐ ☐ ☐ ☐   ☐ ☐ ☐ ☐
                ☐ ☐ ☐ ☐

Today, I am grateful for:

☀ Breakfast	Amount	Calories
- - - - - -	- - - - -	- - - - -
- - - - - -	- - - - -	- - - - -
- - - - - -	- - - - -	- - - - -
- - - - - -	- - - - -	- - - - -

Time:_____ Where:_____

How do you feel about your meal?

1   2   3   4   5
○   ○   ○   ○   ○

Total Calories: _____

☼ Lunch	Amount	Calories
- - - - - -	- - - - -	- - - - -
- - - - - -	- - - - -	- - - - -
- - - - - -	- - - - -	- - - - -
- - - - - -	- - - - -	- - - - -

Time:_____ Where:_____

How do you feel about your meal?

1   2   3   4   5
○   ○   ○   ○   ○

Total Calories: _____

Dinner	Amount	Calories	Time:_____ Where:_____
- - - - - - - - - - - -		- - - - -	How do you feel about your meal?
- - - - - - - - - - - -		- - - - -	
- - - - - - - - - - - -		- - - - -	1 2 3 4 5
- - - - - - - - - - - -		- - - - -	○ ○ ○ ○ ○

Total Calories: _____

Snack	Amount	Calories	Time	Where
- - - - - - -	- - - - -	- - - - -	- - - - -	- - - - -
- - - - - - -	- - - - -	- - - - -	- - - - -	- - - - -
- - - - - - -	- - - - -	- - - - -	- - - - -	- - - - -

Total Calories: _____

Total Daily Calories: [   ]

Exercise	Desired Goal	Actual Goal	Calories Burned
- - - - - - -	- - - - -	- - - - -	- - - - -
- - - - - - -	- - - - -	- - - - -	- - - - -
- - - - - - -	- - - - -	- - - - -	- - - - -

Total Calories Burned:_____

Daily Happiness Score

How happy are you with your food & exercise today?

Food (1-5) :_____+_____+_____=_____ ÷ _____ =_____

Exercise (1-5) :_____

Win tomorrow today! Fill out tomorrow exercise activities ☐

48

DAY *19*

Date: _____

"If it weren't for the fact that the TV set and the refrigerator are so far apart, some of us wouldn't get any exercise at all." - Joey Adams

☐ ☐ ☐ ☐
☐ ☐ ☐ ☐   ☐ ☐ ☐ ☐
☐ ☐ ☐ ☐

Today, I am grateful for:

Breakfast	Amount	Calories
- - - - -	- - - -	- - - - -
- - - - -	- - - -	- - - - -
- - - - -	- - - -	- - - - -
- - - - -	- - - -	- - - - -

Time:_____Where:_____

How do you feel about your meal?

1   2   3   4   5
○ ○ ○ ○ ○

Total Calories: _____

Lunch	Amount	Calories
- - - - -	- - - -	- - - - -
- - - - -	- - - -	- - - - -
- - - - -	- - - -	- - - - -
- - - - -	- - - -	- - - - -

Time:_____Where:_____

How do you feel about your meal?

1   2   3   4   5
○ ○ ○ ○ ○

Total Calories: _____

C Dinner	Amount	Calories	Time:_____ Where:_____
- - - - - - - - - - -			How do you feel about your meal?
- - - - - - - - - - -			
- - - - - - - - - - -			
- - - - - - - - - - -			

How do you feel about your meal?

1	2	3	4	5
😖	🙁	😐	🙂	😄
◯	◯	◯	◯	◯

Total Calories: _____

🍿 Snack	Amount	Calories	Time	Where
- - - - - - -				
- - - - - - -				
- - - - - - -				

Total Calories: _____

Total Daily Calories: [   ]

🏃 Exercise	Desired Goal	Actual Goal	Calories Burned
- - - - - - -			
- - - - - - -			
- - - - - - -			

Total Calories Burned:_____

Daily Happiness Score

How happy are you with your food & exercise today?

🍽 Food (1-5) :_____+_____+_____=_____ ÷ _____=_____

🏃 Exercise (1-5) :_____

Win tomorrow today! Fill out tomorrow exercise activities ☐

DAY 20

Date: _____

"Breathing correctly is the key to better fitness, muscle strength, stamina and athletic endurance." - Dr. Michael Yessis

Today, I am grateful for:

☀ Breakfast	Amount	Calories
- - - - - - - -	- - - - - -	- - - - - -
- - - - - - - -	- - - - - -	- - - - - -
- - - - - - - -	- - - - - -	- - - - - -
- - - - - - - -	- - - - - -	- - - - - -

Time:_____Where:_____

How do you feel about your meal?

1   2   3   4   5

○   ○   ○   ○   ○

Total Calories: _____

☀ Lunch	Amount	Calories
- - - - - - - -	- - - - - -	- - - - - -
- - - - - - - -	- - - - - -	- - - - - -
- - - - - - - -	- - - - - -	- - - - - -
- - - - - - - -	- - - - - -	- - - - - -

Time:_____Where:_____

How do you feel about your meal?

1   2   3   4   5

○   ○   ○   ○   ○

Total Calories: _____

C Dinner	Amount	Calories	Time:_____ Where:_____
- - - - - - - - - - -			**How do you feel about your meal?**
- - - - - - - - - - -			1 2 3 4 5
- - - - - - - - - - -			☹ ☹ 😐 🙂 😄
- - - - - - - - - - -			○ ○ ○ ○ ○

Total Calories: _____

🍿 Snack	Amount	Calories	Time	Where
- - - - - - - -				
- - - - - - - -				
- - - - - - - -				

Total Calories: _____

Total Daily Calories: [_____]

🏃 Exercise	Desired Goal	Actual Goal	Calories Burned
- - - - - - - -			
- - - - - - - -			
- - - - - - - -			

Total Calories Burned:_____

Daily Happiness Score

How happy are you with your food & exercise today?

🍲 Food (1-5) :____ + ____ + ____ = ____ ÷ ____ = ____

🏃 Exercise (1-5) :____

Win tomorrow today! Fill out tomorrow exercise activities ☐

10 Day Recap

Time to measure your
DISCIPLINE
AND HAPPINESS!

My biggest achievement over the last 10 days:

My biggest challenge over the last 10 days:

Possible solutions to my challanges:

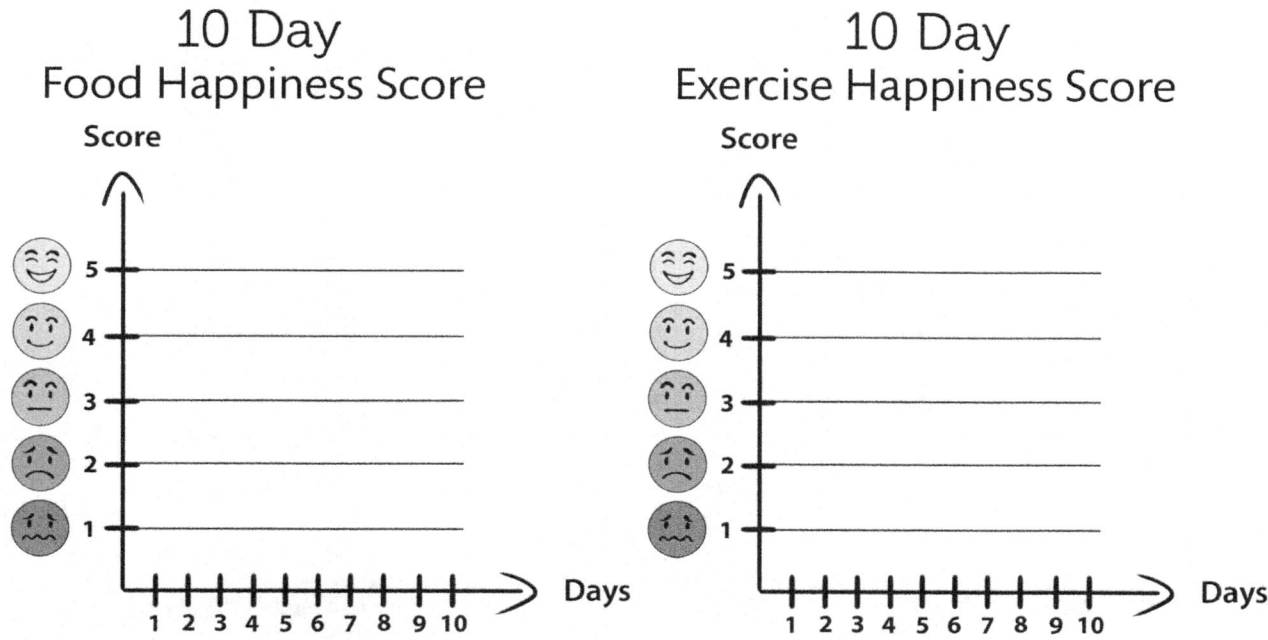

10 Day
Food Happiness Score

10 Day
Exercise Happiness Score

Food Happiness Average: Total score from 10 days: _____ ÷ 10 = _____

Excercise Happiness Average: Total score from 10 days: _____ ÷10 = _____

Did I become more disciplined with food and excercise in the last 10 days? **Y N**

To become more disciplined with my food over the next 10 days, I will:

To become more disciplined with my excercise over the next 10 days, I will:

LET'S KEEP GOING!

DAY 21

Date: _____

"Consistency is the key! If you can't be consistent, then you can't be anything." - Tony Gaskins

☐☐☐☐
☐☐☐☐   ☐☐☐☐
              ☐☐☐☐

Today, I am grateful for:

Breakfast	Amount	Calories
- - - - -	- - - -	- - - -
- - - - -	- - - -	- - - -
- - - - -	- - - -	- - - -
- - - - -	- - - -	- - - -

Total Calories: _____

Time: _____ Where: _____

How do you feel about your meal?

1   2   3   4   5
○   ○   ○   ○   ○

Lunch	Amount	Calories
- - - - -	- - - -	- - - -
- - - - -	- - - -	- - - -
- - - - -	- - - -	- - - -

Total Calories: _____

Time: _____ Where: _____

How do you feel about your meal?

1   2   3   4   5
○   ○   ○   ○   ○

C Dinner	Amount	Calories	Time:_____ Where:_____
- - - - - - - - - - - -	- - - - - - - -	- - - - -	How do you feel about your meal?
- - - - - - - - - - - -	- - - - - - - -	- - - - -	1 2 3 4 5
- - - - - - - - - - - -	- - - - - - - -	- - - - -	
- - - - - - - - - - - -	- - - - - - - -	- - - - -	○ ○ ○ ○ ○

Total Calories: _____

🥤 Snack	Amount	Calories	Time	Where
- - - - - - - - -	- - - - -	- - - - -	- - - - -	- - - - - - - - -
- - - - - - - - -	- - - - -	- - - - -	- - - - -	- - - - - - - - -
- - - - - - - - -	- - - - -	- - - - -	- - - - -	- - - - - - - - -

Total Calories: _____

Total Daily Calories: [_____]

🏃 Exercise	Desired Goal	Actual Goal	Calories Burned
- - - - - - - - -	- - - - -	- - - - -	- - - - -
- - - - - - - - -	- - - - -	- - - - -	- - - - -
- - - - - - - - -	- - - - -	- - - - -	- - - - -

Total Calories Burned:_____

Daily Happiness Score

How happy are you with your food & exercise today?

🍝 Food (1-5) :_____+_____+_____=_____ ÷ _____=_____

🏃 Exercise (1-5) :_____

Win tomorrow today! Fill out tomorrow exercise activities ☐   58

DAY 22

Date: _____

"The successful man is the one who had the chance and took it." - Roger Babson

Today, I am grateful for:

☀ Breakfast	Amount	Calories	Time:_____ Where:_____
- - - - - - - - - -	- - - - -	- - - - -	How do you feel about your meal?
- - - - - - - - - -	- - - - -	- - - - -	1 2 3 4 5
- - - - - - - - - -	- - - - -	- - - - -	😣 😟 😐 🙂 😄
- - - - - - - - - -	- - - - -	- - - - -	○ ○ ○ ○ ○

Total Calories: _____

☀ Lunch	Amount	Calories	Time:_____ Where:_____
- - - - - - - - - -	- - - - -	- - - - -	How do you feel about your meal?
- - - - - - - - - -	- - - - -	- - - - -	1 2 3 4 5
- - - - - - - - - -	- - - - -	- - - - -	😣 😟 😐 🙂 😄
- - - - - - - - - -	- - - - -	- - - - -	○ ○ ○ ○ ○

Total Calories: _____

Dinner	Amount	Calories	Time:_____ Where:_____
- - - - - - - - - - - - - -		- - - - -	
- - - - - - - - - - - - - -		- - - - -	
- - - - - - - - - - - - - -		- - - - -	
- - - - - - - - - - - - - -		- - - - -	

How do you feel about your meal?

1	2	3	4	5
😖	🙁	😐	🙂	😄
◯	◯	◯	◯	◯

Total Calories: _____

Snack	Amount	Calories	Time	Where
- - - - - - - - -				
- - - - - - - - -				
- - - - - - - - -				

Total Calories: _____

Total Daily Calories: [_____]

Exercise	Desired Goal	Actual Goal	Calories Burned
- - - - - - - - -	- - - - - - -	- - - - - - -	- - - - - - -
- - - - - - - - -	- - - - - - -	- - - - - - -	- - - - - - -
- - - - - - - - -	- - - - - - -	- - - - - - -	- - - - - - -

Total Calories Burned:_____

Daily Happiness Score

How happy are you with your food & exercise today?

Food (1-5) :_____+_____+_____ =_____ ÷ _____ =_____

Exercise (1-5) :_____

Win tomorrow today! Fill out tomorrow exercise activities ☐

60

DAY 23

Date: _____

"Any workout which does not involve a certain minimum of danger or responsibility does not improve the body - it just wears it out." -Norman Mailer

☐☐☐☐
☐☐☐☐

☐☐☐☐
☐☐☐☐

Today, I am grateful for:

☀ Breakfast	Amount	Calories
- - - - - - - -	- - - - -	- - - - -
- - - - - - - -	- - - - -	- - - - -
- - - - - - - -	- - - - -	- - - - -
- - - - - - - -	- - - - -	- - - - -

Time:_____ Where:_____

How do you feel about your meal?

1   2   3   4   5
○   ○   ○   ○   ○

Total Calories: _____

☀ Lunch	Amount	Calories
- - - - - - - -	- - - - -	- - - - -
- - - - - - - -	- - - - -	- - - - -
- - - - - - - -	- - - - -	- - - - -
- - - - - - - -	- - - - -	- - - - -

Time:_____ Where:_____

How do you feel about your meal?

1   2   3   4   5
○   ○   ○   ○   ○

Total Calories: _____

Dinner	Amount	Calories	Time:_____ Where:_____
- - - - - -		- - - - -	How do you feel about your meal?
- - - - - -		- - - - -	
- - - - - -		- - - - -	
- - - - - -		- - - - -	

How do you feel about your meal?

1	2	3	4	5
☹	☹	😐	🙂	😄
○	○	○	○	○

Total Calories: _____

Snack	Amount	Calories	Time	Where
- - - - - -				
- - - - - -				
- - - - - -				

Total Calories: _____

Total Daily Calories: [   ]

Exercise	Desired Goal	Actual Goal	Calories Burned
- - - - - -			
- - - - - -			
- - - - - -			

Total Calories Burned:_____

Daily Happiness Score

How happy are you with your food & exercise today?

Food (1-5) :_____+_____+_____=_____ ÷ _____=_____

Exercise (1-5) :_____

Win tomorrow today! Fill out tomorrow exercise activities ☐

DAY 24

Date: _____

"Promise me you'll always remember: You're braver than you believe, and stronger than you seem, and smarter than you think." - A. A. Milne

☐ ☐ ☐ ☐
☐ ☐ ☐ ☐

☐ ☐ ☐ ☐
☐ ☐ ☐ ☐

Today, I am grateful for:

☀ Breakfast	Amount	Calories
- - - - - - - -	- - - - -	- - - - -
- - - - - - - -	- - - - -	- - - - -
- - - - - - - -	- - - - -	- - - - -

Time:_____ Where:_____

How do you feel about your meal?

1   2   3   4   5

○ ○ ○ ○ ○

Total Calories: _____

☀ Lunch	Amount	Calories
- - - - - - - -	- - - - -	- - - - -
- - - - - - - -	- - - - -	- - - - -
- - - - - - - -	- - - - -	- - - - -

Time:_____ Where:_____

How do you feel about your meal?

1   2   3   4   5

○ ○ ○ ○ ○

Total Calories: _____

C Dinner	Amount	Calories	Time:_____ Where:_____
- - - - - - - - - - -			How do you feel about your meal?
- - - - - - - - - - -			
- - - - - - - - - - -			
- - - - - - - - - - -			

How do you feel about your meal?

1	2	3	4	5
☹	☹	😐	🙂	😄
○	○	○	○	○

Total Calories: _____

🥤 Snack	Amount	Calories	Time	Where
- - - - - - - -				
- - - - - - - -				
- - - - - - - -				

Total Calories: _____

Total Daily Calories: [_____]

🏃 Exercise	Desired Goal	Actual Goal	Calories Burned
- - - - - - - -			
- - - - - - - -			
- - - - - - - -			

Total Calories Burned:_____

Daily Happiness Score

How happy are you with your food & exercise today?

🍽 Food (1-5) :_____+_____+_____=_____ ÷ _____=_____

🏃 Exercise (1-5) :_____

Win tomorrow today! Fill out tomorrow exercise activities ☐

64

Date:
_____

"Just keep taking chances and having fun." - Garth Brooks

☐☐☐
☐☐☐   ☐☐☐
☐☐☐

Today, I am grateful for:

Breakfast	Amount	Calories
- - - - - - - -	- - - - - -	- - - - - -
- - - - - - - -	- - - - - -	- - - - - -
- - - - - - - -	- - - - - -	- - - - - -
- - - - - - - -	- - - - - -	- - - - - -

Time:_____Where:_____

How do you feel about your meal?

1   2   3   4   5
○   ○   ○   ○   ○

Total Calories: _____

Lunch	Amount	Calories
- - - - - - - -	- - - - - -	- - - - - -
- - - - - - - -	- - - - - -	- - - - - -
- - - - - - - -	- - - - - -	- - - - - -
- - - - - - - -	- - - - - -	- - - - - -

Time:_____Where:_____

How do you feel about your meal?

1   2   3   4   5
○   ○   ○   ○   ○

Total Calories: _____

C Dinner	Amount	Calories
- - - - - - - - - -		- - - - - -
- - - - - - - - - -		- - - - - -
- - - - - - - - - -		- - - - - -
- - - - - - - - - -		- - - - - -

Time:_____ Where:_____

How do you feel about your meal?

1	2	3	4	5
☹	☹	😐	🙂	😄
○	○	○	○	○

Total Calories: _____

🍿 Snack	Amount	Calories	Time	Where
- - - - - - -				
- - - - - - -				
- - - - - - -				

Total Calories: _____

Total Daily Calories: [_____]

🏃 Exercise	Desired Goal	Actual Goal	Calories Burned
- - - - - - -			
- - - - - - -			
- - - - - - -			

Total Calories Burned:_____

Daily Happiness Score

How happy are you with your food & exercise today?

🍽 Food (1-5) :_____+_____+_____=_____ ÷ _____=_____

🏃 Exercise (1-5) :_____

Win tomorrow today! **Fill out tomorrow exercise activities** ☐

DAY 26

Date:

"An early" - morning walk is a blessing for the whole day." - Adam Smith

☐☐☐☐ ☐☐☐☐
☐☐☐☐ ☐☐☐☐

Today, I am grateful for:

☀ Breakfast	Amount	Calories
- - - - - - -	- - - - -	- - - - -
- - - - - - -	- - - - -	- - - - -
- - - - - - -	- - - - -	- - - - -
- - - - - - -	- - - - -	- - - - -

Time:_____ Where:_____

How do you feel about your meal?

1 2 3 4 5
○ ○ ○ ○ ○

Total Calories: _____

☀ Lunch	Amount	Calories
- - - - - - -	- - - - -	- - - - -
- - - - - - -	- - - - -	- - - - -
- - - - - - -	- - - - -	- - - - -
- - - - - - -	- - - - -	- - - - -

Time:_____ Where:_____

How do you feel about your meal?

1 2 3 4 5
○ ○ ○ ○ ○

Total Calories: _____

C Dinner	Amount	Calories	Time:_____ Where:_____
- - - - - - - - - - - - - - -			How do you feel about your meal?
- - - - - - - - - - - - - - -			1 2 3 4 5
- - - - - - - - - - - - - - -			☹ ☹ 😐 🙂 😄
- - - - - - - - - - - - - - -			○ ○ ○ ○ ○

Total Calories: _____

🥤 Snack	Amount	Calories	Time	Where
- - - - - - - - - - -				
- - - - - - - - - - -				
- - - - - - - - - - -				

Total Calories: _____

Total Daily Calories: [_____]

🏃 Exercise	Desired Goal	Actual Goal	Calories Burned
- - - - - - - - - -			
- - - - - - - - - -			
- - - - - - - - - -			

Total Calories Burned:_____

Daily Happiness Score

How happy are you with your food & exercise today?

🥗 Food (1-5) :_____+_____+_____=_____ ÷ _____=_____

🏃 Exercise (1-5) :_____

Win tomorrow today! Fill out tomorrow exercise activities ☐

68

Date:
_____

"Consistency is the last refuge of the unimaginative." - Oscar Wilde

☐ ☐ ☐ ☐
☐ ☐ ☐ ☐   ☐ ☐ ☐ ☐
                  ☐ ☐ ☐ ☐

Today, I am grateful for:

Breakfast	Amount	Calories
- - - - - - - -	- - - - - -	- - - - - -
- - - - - - - -	- - - - - -	- - - - - -
- - - - - - - -	- - - - - -	- - - - - -
- - - - - - - -	- - - - - -	- - - - - -

Time:_____Where:_____

How do you feel about your meal?

1 2 3 4 5
○ ○ ○ ○ ○

Total Calories: _____

Lunch	Amount	Calories
- - - - - - - -	- - - - - -	- - - - - -
- - - - - - - -	- - - - - -	- - - - - -
- - - - - - - -	- - - - - -	- - - - - -
- - - - - - - -	- - - - - -	- - - - - -

Time:_____Where:_____

How do you feel about your meal?

1 2 3 4 5
○ ○ ○ ○ ○

Total Calories: _____

C Dinner	Amount	Calories	Time:_____ Where:_____
- - - - - - - - -	- - - - - - - -	- - - - - - -	How do you feel about your meal?
- - - - - - - - -	- - - - - - - -	- - - - - - -	1 2 3 4 5
- - - - - - - - -	- - - - - - - -	- - - - - - -	○ ○ ○ ○ ○
- - - - - - - - -	- - - - - - - -	- - - - - - -	

Total Calories: _____

🍿 Snack	Amount	Calories	Time	Where
- - - - - -	- - - - - -	- - - - - -	- - - - - -	- - - - - -
- - - - - -	- - - - - -	- - - - - -	- - - - - -	- - - - - -
- - - - - -	- - - - - -	- - - - - -	- - - - - -	- - - - - -

Total Calories: _____

Total Daily Calories: [   ]

🏃 Exercise	Desired Goal	Actual Goal	Calories Burned
- - - - - - - - -	- - - - - -	- - - - - -	- - - - - -
- - - - - - - - -	- - - - - -	- - - - - -	- - - - - -
- - - - - - - - -	- - - - - -	- - - - - -	- - - - - -

Total Calories Burned:_____

Daily Happiness Score

How happy are you with your food & exercise today?

🍽 Food (1-5) :_____+_____+_____=_____ ÷ _____=_____

🏃 Exercise (1-5) :_____

Win tomorrow today! Fill out tomorrow exercise activities [ ]

70

DAY 28

Date: _____

"Getting fit is all about mind over matter. I don't mind, so it doesn't matter." - Adam Hargreaves

Today, I am grateful for:

Breakfast	Amount	Calories
- - - - - - - -	- - - - - - -	- - - - - - -
- - - - - - - -	- - - - - - -	- - - - - - -
- - - - - - - -	- - - - - - -	- - - - - - -

Time:_____ Where:_____

How do you feel about your meal?

| 1 | 2 | 3 | 4 | 5 |

Total Calories: _____

Lunch	Amount	Calories
- - - - - - - -	- - - - - - -	- - - - - - -
- - - - - - - -	- - - - - - -	- - - - - - -
- - - - - - - -	- - - - - - -	- - - - - - -

Time:_____ Where:_____

How do you feel about your meal?

| 1 | 2 | 3 | 4 | 5 |

Total Calories: _____

Dinner

	Amount	Calories
- - - - - - -		
- - - - - - -		
- - - - - - -		
- - - - - - -		

Time:_____ Where:_____

How do you feel about your meal?

1	2	3	4	5
○	○	○	○	○

Total Calories: _____

Snack

	Amount	Calories	Time	Where
- - - - -				
- - - - -				
- - - - -				

Total Calories: _____

Total Daily Calories: [_____]

Exercise

	Desired Goal	Actual Goal	Calories Burned
- - - - -			
- - - - -			
- - - - -			

Total Calories Burned:_____

Daily Happiness Score

How happy are you with your food & exercise today?

Food (1-5) :_____+_____+_____=_____ ÷ _____=_____

Exercise (1-5) :_____

Win tomorrow today! Fill out tomorrow exercise activities ☐

DAY 29

Date: _____

"When working out, length is not a substitute for intensity." - Bill Loguidice

☐☐☐☐   ☐☐☐☐
☐☐☐☐   ☐☐☐☐

Today, I am grateful for:

Breakfast	Amount	Calories
- - - - -	- - - - -	- - - - -
- - - - -	- - - - -	- - - - -
- - - - -	- - - - -	- - - - -
- - - - -	- - - - -	- - - - -

Time:_____Where:_____

How do you feel about your meal?

1   2   3   4   5
○   ○   ○   ○   ○

Total Calories: _____

Lunch	Amount	Calories
- - - - -	- - - - -	- - - - -
- - - - -	- - - - -	- - - - -
- - - - -	- - - - -	- - - - -

Time:_____Where:_____

How do you feel about your meal?

1   2   3   4   5
○   ○   ○   ○   ○

Total Calories: _____

Dinner	Amount	Calories	Time:_____ Where:_____
- - - - -		- - - - -	**How do you feel about your meal?**
- - - - -		- - - - -	1 2 3 4 5
- - - - -		- - - - -	☹ ☹ 😐 🙂 😄
- - - - -		- - - - -	◯ ◯ ◯ ◯ ◯

Total Calories: _____

Snack	Amount	Calories	Time	Where
- - - - -				
- - - - -				
- - - - -				

Total Calories: _____

Total Daily Calories: [   ]

Exercise	Desired Goal	Actual Goal	Calories Burned
- - - - -			
- - - - -			
- - - - -			

Total Calories Burned:_____

Daily Happiness Score

How happy are you with your food & exercise today?

Food (1-5) :_____+_____+_____=_____ ÷ _____=_____

Exercise (1-5) :_____

Win tomorrow today! Fill out tomorrow exercise activities ☐

Date: _____

"When it comes to eating right and exercising, there is no 'I'll start tomorrow.' Tomorrow is disease." - Terri Guillements

☐ ☐ ☐ ☐
☐ ☐ ☐ ☐

☐ ☐ ☐ ☐
☐ ☐ ☐ ☐

Today, I am grateful for:

Breakfast	Amount	Calories
- - - - -	- - - -	- - - - -
- - - - -	- - - -	- - - - -
- - - - -	- - - -	- - - - -
- - - - -	- - - -	- - - - -

Time:_____Where:_____

How do you feel about your meal?

1   2   3   4   5
○   ○   ○   ○   ○

Total Calories: _____

Lunch	Amount	Calories
- - - -	- - - -	- - - - -
- - - -	- - - -	- - - - -
- - - -	- - - -	- - - - -
- - - -	- - - -	- - - - -

Time:_____Where:_____

How do you feel about your meal?

1   2   3   4   5
○   ○   ○   ○   ○

Total Calories: _____

◖ Dinner	Amount	Calories	Time:_____ Where:_____
- - - - - - - - - - -			How do you feel about your meal?
- - - - - - - - - - -			
- - - - - - - - - - -			
- - - - - - - - - - -			

How do you feel about your meal?

1	2	3	4	5
○	○	○	○	○

Total Calories: _____

🗑 Snack	Amount	Calories	Time	Where
- - - - - - - - -				
- - - - - - - - -				
- - - - - - - - -				

Total Calories: _____

Total Daily Calories: [   ]

🚶 Exercise	Desired Goal	Actual Goal	Calories Burned
- - - - - - - - -			
- - - - - - - - -			
- - - - - - - - -			

Total Calories Burned:_____

Daily Happiness Score

How happy are you with your food & exercise today?

🍓 Food (1-5) :_____ + _____ + _____ = _____ ÷ _____ = _____

🏃 Exercise (1-5) :_____

Win tomorrow today! Fill out tomorrow exercise activities ☐

10 Day Recap

Time to measure your
DISCIPLINE
AND HAPPINESS!

My biggest achievement over the last 10 days:

My biggest challenge over the last 10 days:

Possible solutions to my challanges:

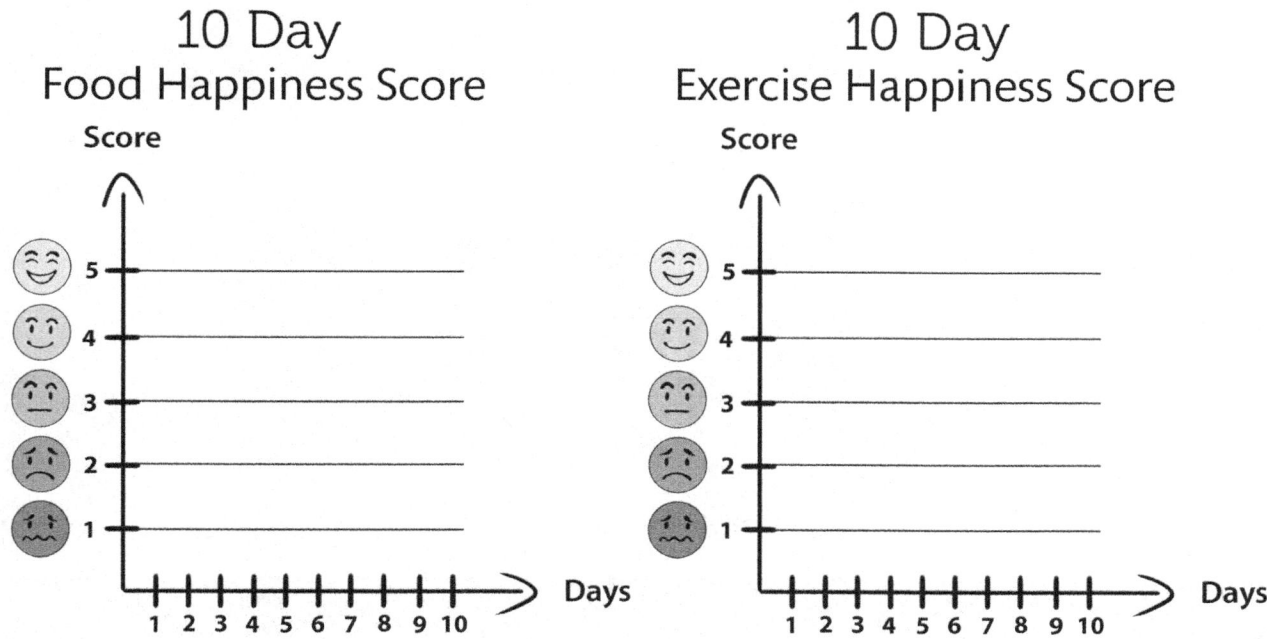

10 Day
Food Happiness Score

10 Day
Exercise Happiness Score

Food Happiness Average: Total score from 10 days: _____ ÷ 10 = _____

Excercise Happiness Average: Total score from 10 days: _____ ÷10 = _____

Did I become more disciplined with food and excercise in the last 10 days? **Y N**

To become more disciplined with my food over the next 10 days, I will:

To become more disciplined with my excercise over the next 10 days, I will:

LET'S KEEP GOING!

DAY *31*

Date:
_____

"If God sends us on strong paths, we are provided strong shoes." - Corrie ten Boom

Today, I am grateful for:

☀ Breakfast	Amount	Calories
- - - - - - - - -	- - - - -	- - - - -
- - - - - - - - -	- - - - -	- - - - -
- - - - - - - - -	- - - - -	- - - - -
- - - - - - - - -	- - - - -	- - - - -

Time:_____Where:_____

How do you feel about your meal?

1   2   3   4   5

○   ○   ○   ○   ○

Total Calories: _____

☀ Lunch	Amount	Calories
- - - - - - - - -	- - - - -	- - - - -
- - - - - - - - -	- - - - -	- - - - -
- - - - - - - - -	- - - - -	- - - - -

Time:_____Where:_____

How do you feel about your meal?

1   2   3   4   5

○   ○   ○   ○   ○

Total Calories: _____

Dinner	Amount	Calories	Time:_____ Where:_____

How do you feel about your meal?

1	2	3	4	5
○	○	○	○	○

Total Calories: _____

Snack	Amount	Calories	Time	Where

Total Calories: _____

Total Daily Calories:

Exercise	Desired Goal	Actual Goal	Calories Burned

Total Calories Burned:_____

Daily Happiness Score

How happy are you with your food & exercise today?

Food (1-5) :_____+_____+_____=_____ ÷ _____=_____

Exercise (1-5) :_____

Win tomorrow today! Fill out tomorrow exercise activities ☐

DAY 32

Date: _____

"Sometimes you don't realize your own strength until you come face to face with your greatest weakness." - Susan Gale

☐ ☐ ☐ ☐
☐ ☐ ☐ ☐   ☐ ☐ ☐ ☐
                 ☐ ☐ ☐ ☐

Today, I am grateful for:

Breakfast	Amount	Calories
- - - - -	- - - -	- - - - -
- - - - -	- - - -	- - - - -
- - - - -	- - - -	- - - - -
- - - - -	- - - -	- - - - -

Time:_____Where:_____

How do you feel about your meal?

1   2   3   4   5

○   ○   ○   ○   ○

Total Calories: _____

Lunch	Amount	Calories
- - - - -	- - - -	- - - - -
- - - - -	- - - -	- - - - -
- - - - -	- - - -	- - - - -
- - - - -	- - - -	- - - - -

Time:_____Where:_____

How do you feel about your meal?

1   2   3   4   5

○   ○   ○   ○   ○

Total Calories: _____

C Dinner	Amount	Calories	Time:_____ Where:_____
- - - - - - -		- - - - -	How do you feel about your meal?
- - - - - - -			1 2 3 4 5
- - - - - - -			
- - - - - - -			○ ○ ○ ○ ○

Total Calories: _____

🥤 Snack	Amount	Calories	Time	Where
- - - - -				
- - - - -				
- - - - -				

Total Calories: _____

Total Daily Calories: [_____]

🏃 Exercise	Desired Goal	Actual Goal	Calories Burned
- - - - -			
- - - - -			
- - - - -			

Total Calories Burned:_____

Daily Happiness Score

How happy are you with your food & exercise today?

🥗 Food (1-5) :_____+_____+_____=_____ ÷ _____=_____

🏃 Exercise (1-5) :_____

Win tomorrow today! **Fill out tomorrow exercise activities** ☐

84

DAY 33

Date:
_____

"Do not be like the cat who wanted a fish but was afraid to get his paws wet." - William Shakespeare

Today, I am grateful for:

☀ Breakfast	Amount	Calories
- - - - - - -	- - - - - - -	- - - - - - -
- - - - - - -	- - - - - - -	- - - - - - -
- - - - - - -	- - - - - - -	- - - - - - -
- - - - - - -	- - - - - - -	- - - - - - -

Time:_____ Where:_____

How do you feel about your meal?

1   2   3   4   5

Total Calories: _____

☀ Lunch	Amount	Calories
- - - - - - -	- - - - - - -	- - - - - - -
- - - - - - -	- - - - - - -	- - - - - - -
- - - - - - -	- - - - - - -	- - - - - - -
- - - - - - -	- - - - - - -	- - - - - - -

Time:_____ Where:_____

How do you feel about your meal?

1   2   3   4   5

Total Calories: _____

◖ Dinner	Amount	Calories	Time:_____ Where:_____
- - - - - - -			How do you feel about your meal?
- - - - - - -			1 2 3 4 5
- - - - - - -			☺ faces
- - - - - - -			○ ○ ○ ○ ○

Total Calories: _____

🍿 Snack	Amount	Calories	Time	Where
- - - - -				
- - - - -				
- - - - -				

Total Calories: _____

Total Daily Calories: [_____]

🏃 Exercise	Desired Goal	Actual Goal	Calories Burned
- - - - - -			
- - - - - -			
- - - - - -			

Total Calories Burned:_____

Daily Happiness Score

How happy are you with your food & exercise today?

🍳 Food (1-5) :_____+_____+_____=_____÷_____=_____

🏃 Exercise (1-5) :_____

Win tomorrow today! Fill out tomorrow exercise activities ☐   86

DAY 34

Date:

_____

"Jogging is very beneficial. It's good for your legs and your feet. It's also very good for the ground. It makes it feel needed." - Charles M. Schulz

Today, I am grateful for:

Breakfast	Amount	Calories
- - - - -		
- - - - -		
- - - - -		

Time:_____ Where:_____

How do you feel about your meal?

1   2   3   4   5

○ ○ ○ ○ ○

Total Calories: _____

Lunch	Amount	Calories
- - - - -		
- - - - -		
- - - - -		

Time:_____ Where:_____

How do you feel about your meal?

1   2   3   4   5

○ ○ ○ ○ ○

Total Calories: _____

● Dinner	Amount	Calories	Time:_____ Where:_____
- - - - - - - - - - - - - -		- - - - -	How do you feel about your meal?
- - - - - - - - - - - - - -			
- - - - - - - - - - - - - -		- - - - -	
- - - - - - - - - - - - - -			

How do you feel about your meal?

1	2	3	4	5
○	○	○	○	○

Total Calories: _____

🥤 Snack	Amount	Calories	Time	Where
- - - - - - - - - - - - -				
- - - - - - - - - - - - -				
- - - - - - - - - - - - -				

Total Calories: _____

Total Daily Calories: [   ]

🏃 Exercise	Desired Goal	Actual Goal	Calories Burned
- - - - - - - - - - - - -			
- - - - - - - - - - - - -			
- - - - - - - - - - - - -			

Total Calories Burned:_____

Daily Happiness Score

How happy are you with your food & exercise today?

🍓 Food (1-5) :_____+_____+_____=_____ ÷ _____=_____

🏃 Exercise (1-5) :_____

Win tomorrow today! Fill out tomorrow exercise activities ☐

DAY 35

Date: _____

"I feel better in my mind when I work out. It makes everything better." - *Keri Russell*

Today, I am grateful for:

☀ Breakfast	Amount	Calories
- - - - - - - -	- - - - - - -	- - - - - - -
- - - - - - - -	- - - - - - -	- - - - - - -
- - - - - - - -	- - - - - - -	- - - - - - -
- - - - - - - -	- - - - - - -	- - - - - - -

Time:_____ Where:_____

How do you feel about your meal?

1   2   3   4   5

Total Calories: _____

☀ Lunch	Amount	Calories
- - - - - - - -	- - - - - - -	- - - - - - -
- - - - - - - -	- - - - - - -	- - - - - - -
- - - - - - - -	- - - - - - -	- - - - - - -
- - - - - - - -	- - - - - - -	- - - - - - -

Time:_____ Where:_____

How do you feel about your meal?

1   2   3   4   5

Total Calories: _____

C Dinner	Amount	Calories	Time:_____ Where:_____
- - - - -	- - - -	- - - - -	How do you feel about your meal?
- - - - -	- - - -	- - - - -	1 2 3 4 5
- - - - -	- - - -	- - - - -	☹ ☹ 😐 🙂 😄
- - - - -	- - - -	- - - - -	○ ○ ○ ○ ○

Total Calories: _____

🍿 Snack	Amount	Calories	Time	Where
- - - - -	- - - -	- - - -	- - - -	- - - -
- - - - -	- - - -	- - - -	- - - -	- - - -
- - - - -	- - - -	- - - -	- - - -	- - - -

Total Calories: _____

Total Daily Calories: [_____]

🏃 Exercise	Desired Goal	Actual Goal	Calories Burned
- - - - -	- - - -	- - - -	- - - -
- - - - -	- - - -	- - - -	- - - -
- - - - -	- - - -	- - - -	- - - -

Total Calories Burned:_____

Daily Happiness Score

How happy are you with your food & exercise today?

🍽 Food (1-5) :_____ + _____ + _____ = _____ ÷ _____ = _____

🏃 Exercise (1-5) :_____

Win tomorrow today! Fill out tomorrow exercise activities ☐

DAY 36

Date: _____

"If we could give every individual the right amount of nourishment and exercise, not too little and not too much, we would have found the safest way to health." - Hippocrates

☐☐☐☐
☐☐☐☐

☐☐☐☐
☐☐☐☐

Today, I am grateful for:

Breakfast	Amount	Calories
- - - - -	- - - -	- - - -
- - - - -	- - - -	- - - -
- - - - -	- - - -	- - - -
- - - - -	- - - -	- - - -

Total Calories: _____

Time:_____ Where:_____

How do you feel about your meal?

1   2   3   4   5

○ ○ ○ ○ ○

Lunch	Amount	Calories
- - - -	- - - -	- - - -
- - - -	- - - -	- - - -
- - - -	- - - -	- - - -
- - - -	- - - -	- - - -

Total Calories: _____

Time:_____ Where:_____

How do you feel about your meal?

1   2   3   4   5

○ ○ ○ ○ ○

Dinner	Amount	Calories	Time:_____ Where:_____
- - - - - - - - - -			
- - - - - - - - - -			**How do you feel about your meal?**
- - - - - - - - - -			1 2 3 4 5
- - - - - - - - - -			○ ○ ○ ○ ○

Total Calories: _____

Snack	Amount	Calories	Time	Where
- - - - - - - -	- - - - -	- - - - -	- - - - -	- - - - -
- - - - - - - -	- - - - -	- - - - -	- - - - -	- - - - -
- - - - - - - -	- - - - -	- - - - -	- - - - -	- - - - -

Total Calories: _____

Total Daily Calories: [_____]

Exercise	Desired Goal	Actual Goal	Calories Burned
- - - - - - - -	- - - - -	- - - - -	- - - - -
- - - - - - - -	- - - - -	- - - - -	- - - - -
- - - - - - - -	- - - - -	- - - - -	- - - - -

Total Calories Burned:_____

Daily Happiness Score

How happy are you with your food & exercise today?

Food (1-5) :_____+_____+_____=_____ ÷ _____=_____

Exercise (1-5) :_____

Win tomorrow today! Fill out tomorrow exercise activities ☐

DAY 37

Date: _____

"Consistency is what matters the most in triggering something important to your life." - Abdul Rauf

☐ ☐ ☐ ☐
☐ ☐ ☐ ☐

☐ ☐ ☐ ☐
☐ ☐ ☐ ☐

Today, I am grateful for:

Breakfast	Amount	Calories
- - - - - - - -	- - - - - - -	- - - - - - -
- - - - - - - -	- - - - - - -	- - - - - - -
- - - - - - - -	- - - - - - -	- - - - - - -
- - - - - - - -	- - - - - - -	- - - - - - -

Time:_____Where:_____

How do you feel about your meal?

1   2   3   4   5

○ ○ ○ ○ ○

Total Calories: _____

Lunch	Amount	Calories
- - - - - - - -	- - - - - - -	- - - - - - -
- - - - - - - -	- - - - - - -	- - - - - - -
- - - - - - - -	- - - - - - -	- - - - - - -
- - - - - - - -	- - - - - - -	- - - - - - -

Time:_____Where:_____

How do you feel about your meal?

1   2   3   4   5

○ ○ ○ ○ ○

Total Calories: _____

Dinner	Amount	Calories	Time:_____ Where:_____
- - - - - - - - - -			How do you feel about your meal?
- - - - - - - - - -			
- - - - - - - - - -			1 2 3 4 5
- - - - - - - - - -			◯ ◯ ◯ ◯ ◯

Total Calories: _____

Snack	Amount	Calories	Time	Where
- - - - -				
- - - - -				
- - - - -				

Total Calories: _____

Total Daily Calories: [_____]

Exercise	Desired Goal	Actual Goal	Calories Burned
- - - - -			
- - - - -			
- - - - -			

Total Calories Burned:_____

Daily Happiness Score

How happy are you with your food & exercise today?

Food (1-5) :_____ +_____ +_____ =_____ ÷ _____ =_____

Exercise (1-5) :_____

Win tomorrow today! Fill out tomorrow exercise activities ☐

94

DAY 38

Date:
_____

"Exercise should be regarded as tribute to the heart." - Gene Tunney

☐☐☐☐
☐☐☐☐

☐☐☐☐
☐☐☐☐

Today, I am grateful for:

Breakfast	Amount	Calories
- - - - - - - - -	- - - - - -	- - - - - -
- - - - - - - - -	- - - - - -	- - - - - -
- - - - - - - - -	- - - - - -	- - - - - -
- - - - - - - - -	- - - - - -	- - - - - -

Time:_____Where:_____

How do you feel about your meal?

1 2 3 4 5
○ ○ ○ ○ ○

Total Calories: _____

Lunch	Amount	Calories
- - - - - - - - -	- - - - - -	- - - - - -
- - - - - - - - -	- - - - - -	- - - - - -
- - - - - - - - -	- - - - - -	- - - - - -
- - - - - - - - -	- - - - - -	- - - - - -

Time:_____Where:_____

How do you feel about your meal?

1 2 3 4 5
○ ○ ○ ○ ○

Total Calories: _____

Dinner	Amount	Calories	Time:_____ Where:_____
- - - - - - - - - -			How do you feel about your meal?
- - - - - - - - - -			
- - - - - - - - - -			
- - - - - - - - - -			

How do you feel about your meal?

1	2	3	4	5
☹	☹	😐	🙂	😄
○	○	○	○	○

Total Calories: _____

Snack	Amount	Calories	Time	Where
- - - - -				
- - - - -				
- - - - -				

Total Calories: _____

Total Daily Calories: [_____]

Exercise	Desired Goal	Actual Goal	Calories Burned
- - - - -			
- - - - -			
- - - - -			

Total Calories Burned:_____

Daily Happiness Score

How happy are you with your food & exercise today?

Food (1-5) :____ + ____ + ____ = ____ ÷ ____ = ____

Exercise (1-5) :____

Win tomorrow today! Fill out tomorrow exercise activities ☐

DAY 39

Date:
_____

"Willing is not enough, we must do." - Johann Von Goethe

□ □ □ □
□ □ □ □

□ □ □ □
□ □ □ □

Today, I am grateful for:

Breakfast	Amount	Calories
- - - - -	- - - -	- - - - -

Time:_____Where:_____

How do you feel about your meal?

1	2	3	4	5
○	○	○	○	○

Total Calories: _____

Lunch	Amount	Calories
- - - - -	- - - -	- - - - -

Time:_____Where:_____

How do you feel about your meal?

1	2	3	4	5
○	○	○	○	○

Total Calories: _____

C Dinner	Amount	Calories	Time:_____ Where:_____
- - - - - - - - - -			How do you feel about your meal?
- - - - - - - - - -			1 2 3 4 5
- - - - - - - - - -			
- - - - - - - - - -			○ ○ ○ ○ ○

Total Calories: _____

Snack	Amount	Calories	Time	Where
- - - - - - - - -				
- - - - - - - - -				
- - - - - - - - -				

Total Calories: _____

Total Daily Calories: [   ]

Exercise	Desired Goal	Actual Goal	Calories Burned
- - - - - - - - -			
- - - - - - - - -			
- - - - - - - - -			

Total Calories Burned:_____

Daily Happiness Score

How happy are you with your food & exercise today?

Food (1-5) :____+____+____=____ ÷ ____=____

Exercise (1-5) :____

Win tomorrow today! Fill out tomorrow exercise activities ☐

DAY *40*

Date:
_____

"Success is not final, failure is not fatal: it is the courage to continue that counts." - Winston Churchill

☐☐☐☐
☐☐☐☐

☐☐☐☐
☐☐☐☐

Today, I am grateful for:

Breakfast	Amount	Calories
- - - - - - - - - -	- - - - - -	- - - - - -
- - - - - - - - - -	- - - - - -	- - - - - -
- - - - - - - - - -	- - - - - -	- - - - - -
- - - - - - - - - -	- - - - - -	- - - - - -

Time:_____ Where:_____

How do you feel about your meal?

1   2   3   4   5
○   ○   ○   ○   ○

Total Calories: _____

Lunch	Amount	Calories
- - - - - - - - - -	- - - - - -	- - - - - -
- - - - - - - - - -	- - - - - -	- - - - - -
- - - - - - - - - -	- - - - - -	- - - - - -
- - - - - - - - - -	- - - - - -	- - - - - -

Time:_____ Where:_____

How do you feel about your meal?

1   2   3   4   5
○   ○   ○   ○   ○

Total Calories: _____

Dinner	Amount	Calories	Time:_____ Where:_____
- - - - - - - - - - -			
- - - - - - - - - - -			
- - - - - - - - - - -			
- - - - - - - - - - -			

How do you feel about your meal?

1	2	3	4	5
😖	🙁	😐	🙂	😄
○	○	○	○	○

Total Calories: _____

🥤 Snack	Amount	Calories	Time	Where
- - - - - - - -				
- - - - - - - -				
- - - - - - - -				

Total Calories: _____

Total Daily Calories: [_____]

🏃 Exercise	Desired Goal	Actual Goal	Calories Burned
- - - - - - - -			
- - - - - - - -			
- - - - - - - -			

Total Calories Burned:_____

Daily Happiness Score

How happy are you with your food & exercise today?

🍽 Food (1-5) :_____ + _____ + _____ = _____ ÷ _____ = _____

🏃 Exercise (1-5) :_____

Win tomorrow today! Fill out tomorrow exercise activities ☐

10 Day Recap

Time to measure your
DISCIPLINE
AND HAPPINESS!

My biggest achievement over the last 10 days:

My biggest challenge over the last 10 days:

Possible solutions to my challanges:

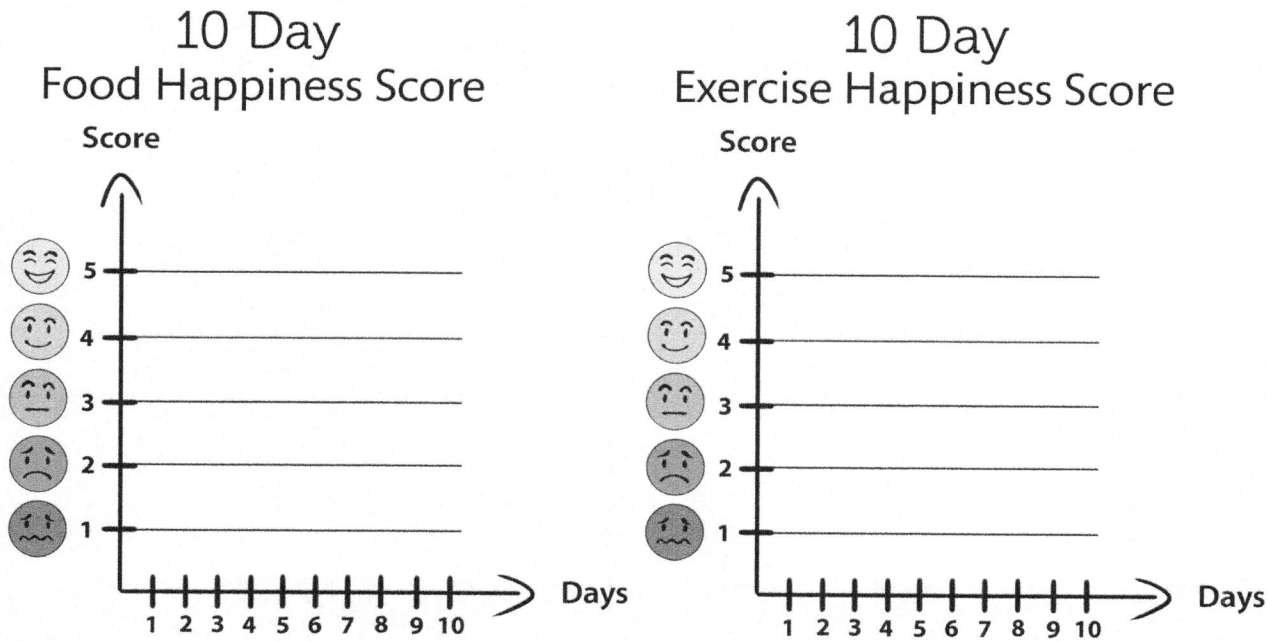

Food Happiness Average: Total score from 10 days: _____ ÷ 10 = _____

Excercise Happiness Average: Total score from 10 days: _____ ÷10 = _____

Did I become more disciplined with food and excercise in the last 10 days? **Y N**

To become more disciplined with my food over the next 10 days, I will:

To become more disciplined with my excercise over the next 10 days, I will:

YOU ARE 40% COMPLETED!

LET'S KEEP GOING!

DAY *41*

Date:
_____

"We do not stop exercising because we grow old - we grow old because we stop exercising." - Kenneth Cooper

☐☐☐☐
☐☐☐☐

☐☐☐☐
☐☐☐☐

Today, I am grateful for:

Breakfast	Amount	Calories	Time:_____ Where:_____
- - - - - -	- - - - - -	- - - - - -	How do you feel about your meal?
- - - - - -	- - - - - -	- - - - - -	1 2 3 4 5
- - - - - -	- - - - - -	- - - - - -	☹ 😟 😐 🙂 😄
- - - - - -	- - - - - -	- - - - - -	○ ○ ○ ○ ○

Total Calories: _____

Lunch	Amount	Calories	Time:_____ Where:_____
- - - - - -	- - - - - -	- - - - - -	How do you feel about your meal?
- - - - - -	- - - - - -	- - - - - -	1 2 3 4 5
- - - - - -	- - - - - -	- - - - - -	☹ 😟 😐 🙂 😄
- - - - - -	- - - - - -	- - - - - -	○ ○ ○ ○ ○

Total Calories: _____

Dinner	Amount	Calories	Time:_____ Where:_____
- - - - - - - - - - - - - - - - -			How do you feel about your meal?
- - - - - - - - - - - - - - - - -			1 2 3 4 5
- - - - - - - - - - - - - - - - -			☹ ☹ 😐 🙂 😄
- - - - - - - - - - - - - - - - -			◯ ◯ ◯ ◯ ◯

Total Calories: _____

Snack	Amount	Calories	Time	Where
- - - - - - -				
- - - - - - -				
- - - - - - -				

Total Calories: _____

Total Daily Calories: [_____]

Exercise	Desired Goal	Actual Goal	Calories Burned
- - - - - - -			
- - - - - - -			
- - - - - - -			

Total Calories Burned:_____

Daily Happiness Score

How happy are you with your food & exercise today?

Food (1-5) :_____ + _____ + _____ = _____ ÷ _____ = _____

Exercise (1-5) :_____

Win tomorrow today! Fill out tomorrow exercise activities ☐

DAY 42

Date: _____

"To dare is to lose one's footing momentarily. To not dare is to lose oneself." - Sren Kierkegaard

☐ ☐ ☐ ☐   ☐ ☐ ☐
☐ ☐ ☐ ☐   ☐ ☐ ☐

Today, I am grateful for:

Breakfast	Amount	Calories	Time:_____ Where:_____
- - - - -			How do you feel about your meal?
- - - - -			1 2 3 4 5
- - - - -			☹ ☹ 😐 🙂 😄
- - - - -			○ ○ ○ ○ ○

Total Calories: _____

Lunch	Amount	Calories	Time:_____ Where:_____
- - - - -			How do you feel about your meal?
- - - - -			1 2 3 4 5
- - - - -			☹ ☹ 😐 🙂 😄
- - - - -			○ ○ ○ ○ ○

Total Calories: _____

C Dinner	Amount	Calories	Time:_____ Where:_____
- - - - - - - - - - - - - - - -			How do you feel about your meal?
- - - - - - - - - - - - - - - -			
- - - - - - - - - - - - - - - -			
- - - - - - - - - - - - - - - -			

How do you feel about your meal?

1	2	3	4	5
○	○	○	○	○

Total Calories: _____

🥤 Snack	Amount	Calories	Time	Where
- - - - -				
- - - - -				
- - - - -				

Total Calories: _____

Total Daily Calories: [_____]

🏃 Exercise	Desired Goal	Actual Goal	Calories Burned
- - - - -			
- - - - -			
- - - - -			

Total Calories Burned:_____

Daily Happiness Score

How happy are you with your food & exercise today?

🍽 Food (1-5) :_____+_____+_____=_____ ÷ _____=_____

🏃 Exercise (1-5) :_____

Win tomorrow today! Fill out tomorrow exercise activities ☐

 # DAY 43

Date:
_____

"You cannot dream yourself into a character; you must hammer and forge yourself one." - James A. Froude

☐☐☐ ☐☐☐
☐☐☐ ☐☐☐

Today, I am grateful for:

Breakfast	Amount	Calories
- - - - -	- - - -	- - - - -
- - - - -	- - - -	- - - - -
- - - - -	- - - -	- - - - -
- - - - -	- - - -	- - - - -

Time:_____ Where:_____

How do you feel about your meal?

1   2   3   4   5
○   ○   ○   ○   ○

Total Calories: _____

Lunch	Amount	Calories
- - - - -	- - - -	- - - - -
- - - - -	- - - -	- - - - -
- - - - -	- - - -	- - - - -
- - - - -	- - - -	- - - - -

Time:_____ Where:_____

How do you feel about your meal?

1   2   3   4   5
○   ○   ○   ○   ○

Total Calories: _____

◑ Dinner	Amount	Calories	Time:_____ Where:_____

How do you feel about your meal?

1	2	3	4	5
😖	😟	😐	🙂	😄
○	○	○	○	○

Total Calories: _____

🍿 Snack	Amount	Calories	Time	Where

Total Calories: _____

Total Daily Calories: [   ]

🏃 Exercise	Desired Goal	Actual Goal	Calories Burned

Total Calories Burned:_____

Daily Happiness Score

How happy are you with your food & exercise today?

🍲 Food (1-5) :_____+_____+_____=_____ ÷ _____=_____

🏃 Exercise (1-5) :_____

Win tomorrow today! Fill out tomorrow exercise activities ☐   110

DAY 44

Date: _____

"Consistency is the horror of the world." - Brenda Ueland

□□□ □□□ □□□ □□□
□□□ □□□

Today, I am grateful for:

Breakfast	Amount	Calories
- - - - -	- - - -	- - - - -
- - - - -	- - - -	- - - - -
- - - - -	- - - -	- - - - -
- - - - -	- - - -	- - - - -

Time:_____Where:_____

How do you feel about your meal?

1   2   3   4   5
○   ○   ○   ○   ○

Total Calories: _____

Lunch	Amount	Calories
- - - -	- - - -	- - - - -
- - - -	- - - -	- - - - -
- - - -	- - - -	- - - - -
- - - -	- - - -	- - - - -

Time:_____Where:_____

How do you feel about your meal?

1   2   3   4   5
○   ○   ○   ○   ○

Total Calories: _____

Dinner	Amount	Calories	Time:_____ Where:_____
- - - - - - - -	- - - - - -	- - - - -	
- - - - - - - -	- - - - - -	- - - - -	
- - - - - - - -	- - - - - -	- - - - -	
- - - - - - - -	- - - - - -	- - - - -	

How do you feel about your meal?

1	2	3	4	5
○	○	○	○	○

Total Calories: _____

Snack	Amount	Calories	Time	Where
- - - - - - -	- - - - - -	- - - - - -	- - - - - -	- - - - - -
- - - - - - -	- - - - - -	- - - - - -	- - - - - -	- - - - - -
- - - - - - -	- - - - - -	- - - - - -	- - - - - -	- - - - - -

Total Calories: _____

Total Daily Calories: [   ]

Exercise	Desired Goal	Actual Goal	Calories Burned
- - - - - - -	- - - - - -	- - - - - -	- - - - - -
- - - - - - -	- - - - - -	- - - - - -	- - - - - -
- - - - - - -	- - - - - -	- - - - - -	- - - - - -

Total Calories Burned:_____

Daily Happiness Score

How happy are you with your food & exercise today?

Food (1-5) :_____ +_____ +_____ =_____ ÷ _____ =_____

Exercise (1-5) :_____

Win tomorrow today! Fill out tomorrow exercise activities ☐

112

DAY 45

Date:
_____

"Consistency is the paste jewel that only cheap men cherish." - William Allen White

Today, I am grateful for:

☀ Breakfast	Amount	Calories
- - - - - - -	- - - - -	- - - - - -

Total Calories: _____

Time:_____ Where:_____

How do you feel about your meal?

1	2	3	4	5
☹	☹	😐	☺	😄
○	○	○	○	○

☀ Lunch	Amount	Calories
- - - - - - -	- - - - -	- - - - - -

Total Calories: _____

Time:_____ Where:_____

How do you feel about your meal?

1	2	3	4	5
☹	☹	😐	☺	😄
○	○	○	○	○

Dinner	Amount	Calories	Time:_____ Where:_____
- - - - - - - - -	- - - - -	- - - - -	
- - - - - - - - -	- - - - -	- - - - -	
- - - - - - - - -	- - - - -	- - - - -	
- - - - - - - - -	- - - - -	- - - - -	

How do you feel about your meal?

1	2	3	4	5
☹	☹	😐	🙂	😄
○	○	○	○	○

Total Calories: _____

Snack	Amount	Calories	Time	Where
- - - - -	- - - -	- - - -	- - - -	- - - -
- - - - -	- - - -	- - - -	- - - -	- - - -
- - - - -	- - - -	- - - -	- - - -	- - - -

Total Calories: _____

Total Daily Calories: _____

Exercise	Desired Goal	Actual Goal	Calories Burned
- - - - - -	- - - -	- - - -	- - - -
- - - - - -	- - - -	- - - -	- - - -
- - - - - -	- - - -	- - - -	- - - -

Total Calories Burned: _____

Daily Happiness Score

How happy are you with your food & exercise today?

Food (1-5) :_____+_____+_____=_____ ÷ _____=_____

Exercise (1-5) :_____

Win tomorrow today! Fill out tomorrow exercise activities ☐

DAY 46

Date: _____

"If you're not scared then you're not taking a chance. If you're not taking a chance then what the hell are you doing anyway?" - Ted Mosby

Today, I am grateful for:

Breakfast	Amount	Calories
- - - - - - -	- - - - - - -	- - - - - - -

Time:_____ Where:_____

How do you feel about your meal?

1	2	3	4	5
○	○	○	○	○

Total Calories: _____

Lunch	Amount	Calories
- - - - - - -	- - - - - - -	- - - - - - -

Time:_____ Where:_____

How do you feel about your meal?

1	2	3	4	5
○	○	○	○	○

Total Calories: _____

Dinner	Amount	Calories	Time:_____ Where:_____
- - - - - - - - - - -		- - - - -	How do you feel about your meal?
- - - - - - - - - - -		- - - - -	
- - - - - - - - - - -		- - - - -	
- - - - - - - - - - -		- - - - -	

How do you feel about your meal?

1	2	3	4	5
○	○	○	○	○

Total Calories: _____

Snack	Amount	Calories	Time	Where
- - - - - -	- - - - -	- - - - -	- - - - -	- - - - -
- - - - - -	- - - - -	- - - - -	- - - - -	- - - - -
- - - - - -	- - - - -	- - - - -	- - - - -	- - - - -

Total Calories: _____

Total Daily Calories: [   ]

Exercise	Desired Goal	Actual Goal	Calories Burned
- - - - - -	- - - - -	- - - - -	- - - - -
- - - - - -	- - - - -	- - - - -	- - - - -
- - - - - -	- - - - -	- - - - -	- - - - -

Total Calories Burned:_____

Daily Happiness Score

How happy are you with your food & exercise today?

Food (1-5) :_____+_____+_____=_____ ÷ _____=_____

Exercise (1-5) :_____

Win tomorrow today! Fill out tomorrow exercise activities ☐

DAY 47

Date:

_____

"Exercise is like an addiction. Once you're in it, you feel like your body needs it." - Elsa Pataky

Today, I am grateful for:

☀ Breakfast	Amount	Calories	Time:_____ Where:_____
- - - - - - - -	- - - - -	- - - - -	How do you feel about your meal?
- - - - - - - -	- - - - -	- - - - -	1 2 3 4 5
- - - - - - - -	- - - - -	- - - - -	😫 😟 😐 🙂 😄
- - - - - - - -	- - - - -	- - - - -	○ ○ ○ ○ ○

Total Calories: _____

☀ Lunch	Amount	Calories	Time:_____ Where:_____
- - - - - - - -	- - - - -	- - - - -	How do you feel about your meal?
- - - - - - - -	- - - - -	- - - - -	1 2 3 4 5
- - - - - - - -	- - - - -	- - - - -	😫 😟 😐 🙂 😄
- - - - - - - -	- - - - -	- - - - -	○ ○ ○ ○ ○

Total Calories: _____

Dinner	Amount	Calories	Time:_____ Where:_____
- - - - - - - - - - -	- - - - -	- - - -	
- - - - - - - - - - -	- - - - -	- - - -	
- - - - - - - - - - -	- - - - -	- - - -	
- - - - - - - - - - -	- - - - -	- - - -	

How do you feel about your meal?

1	2	3	4	5
○	○	○	○	○

Total Calories: _____

Snack	Amount	Calories	Time	Where
- - - - - -	- - - -	- - - -	- - - -	- - - - - - -
- - - - - -	- - - -	- - - -	- - - -	- - - - - - -
- - - - - -	- - - -	- - - -	- - - -	- - - - - - -

Total Calories: _____

Total Daily Calories: [_____]

Exercise	Desired Goal	Actual Goal	Calories Burned
- - - - - - -	- - - -	- - - -	- - - - -
- - - - - - -	- - - -	- - - -	- - - - -
- - - - - - -	- - - -	- - - -	- - - - -

Total Calories Burned:_____

Daily Happiness Score

How happy are you with your food & exercise today?

Food (1-5) :_____+_____+_____=_____ ÷ _____=_____

Exercise (1-5) :_____

Win tomorrow today! Fill out tomorrow exercise activities ☐

118

Date: _____

"Exercise is labor without weariness." - **Samuel Johnson**

☐☐☐☐   ☐☐☐☐
☐☐☐☐   ☐☐☐☐

Today, I am grateful for:

☀ Breakfast	Amount	Calories
- - - - - - - - - - -	- - - - - -	- - - - - -
- - - - - - - - - - -	- - - - - -	- - - - - -
- - - - - - - - - - -	- - - - - -	- - - - - -
- - - - - - - - - - -	- - - - - -	- - - - - -

Time:_____ Where:_____

How do you feel about your meal?

1   2   3   4   5
○   ○   ○   ○   ○

Total Calories: _____

☀ Lunch	Amount	Calories
- - - - - - - - - - -	- - - - - -	- - - - - -
- - - - - - - - - - -	- - - - - -	- - - - - -
- - - - - - - - - - -	- - - - - -	- - - - - -
- - - - - - - - - - -	- - - - - -	- - - - - -

Time:_____ Where:_____

How do you feel about your meal?

1   2   3   4   5
○   ○   ○   ○   ○

Total Calories: _____

C Dinner	Amount	Calories	Time:_____ Where:_____
- - - - - - - - - - - - - -			How do you feel about your meal?
- - - - - - - - - - - - - -			1 2 3 4 5
- - - - - - - - - - - - - -			〇 〇 〇 〇 〇
- - - - - - - - - - - - - -			

Total Calories: _____

🥤 Snack	Amount	Calories	Time	Where
- - - - - - -				
- - - - - - -				
- - - - - - -				

Total Calories: _____

Total Daily Calories: [   ]

🏃 Exercise	Desired Goal	Actual Goal	Calories Burned
- - - - - - -			
- - - - - - -			
- - - - - - -			

Total Calories Burned:_____

Daily Happiness Score

How happy are you with your food & exercise today?

🍓 Food (1-5) :_____+_____+_____=_____ ÷ _____=_____

🏃 Exercise (1-5) :_____

Win tomorrow today! Fill out tomorrow exercise activities ☐   120

Date:
_____

"Fitness: if it came in a bottle, everyone would be in good shape." - Cher

☐ ☐ ☐ ☐
☐ ☐ ☐ ☐   ☐ ☐ ☐ ☐
                 ☐ ☐ ☐ ☐

Today, I am grateful for:

Breakfast	Amount	Calories
- - - - - -	- - - - - -	- - - - - -
- - - - - -	- - - - - -	- - - - - -
- - - - - -	- - - - - -	- - - - - -
- - - - - -	- - - - - -	- - - - - -

Time:_____Where:_____

How do you feel about your meal?

1   2   3   4   5
○   ○   ○   ○   ○

Total Calories: _____

Lunch	Amount	Calories
- - - - - -	- - - - - -	- - - - - -
- - - - - -	- - - - - -	- - - - - -
- - - - - -	- - - - - -	- - - - - -

Time:_____Where:_____

How do you feel about your meal?

1   2   3   4   5
○   ○   ○   ○   ○

Total Calories: _____

C Dinner	Amount	Calories
- - - - - - - - -		- - - - -
- - - - - - - - -		- - - - -
- - - - - - - - -		- - - - -
- - - - - - - - -		- - - - -

Time:_____ Where:_____

How do you feel about your meal?

1	2	3	4	5
😖	🙁	😐	🙂	😄
◯	◯	◯	◯	◯

Total Calories: _____

🍟 Snack	Amount	Calories	Time	Where
- - - - - -				- - - - - -
- - - - - -				- - - - - -
- - - - - -				- - - - - -

Total Calories: _____

Total Daily Calories: [_____]

🏃 Exercise	Desired Goal	Actual Goal	Calories Burned
- - - - - -			
- - - - - -			
- - - - - -			

Total Calories Burned:_____

Daily Happiness Score

How happy are you with your food & exercise today?

🥗 Food (1-5) :____+____+____=____ ÷ ____=____

🏃 Exercise (1-5) :____

Win tomorrow today! Fill out tomorrow exercise activities ☐

122

DAY 50

Date:

_____

"Consistency is the foundation of virtue." - Francis Bacon

□ □ □ □   □ □ □ □
□ □ □ □   □ □ □ □

Today, I am grateful for:

Breakfast	Amount	Calories
- - - - -	- - - -	- - - - -
- - - - -	- - - -	- - - - -
- - - - -	- - - -	- - - - -
- - - - -	- - - -	- - - - -

Time:_____ Where:_____

How do you feel about your meal?

1	2	3	4	5
○	○	○	○	○

Total Calories: _____

Lunch	Amount	Calories
- - - - -	- - - -	- - - - -
- - - - -	- - - -	- - - - -
- - - - -	- - - -	- - - - -
- - - - -	- - - -	- - - - -

Time:_____ Where:_____

How do you feel about your meal?

1	2	3	4	5
○	○	○	○	○

Total Calories: _____

◖ Dinner	Amount	Calories	Time:_____ Where:_____
- - - - - - - - - - -			
- - - - - - - - - - -			
- - - - - - - - - - -			
- - - - - - - - - - -			

How do you feel about your meal?

1	2	3	4	5
◯	◯	◯	◯	◯

Total Calories: _____

🥤 Snack	Amount	Calories	Time	Where
- - - - - - - - -				
- - - - - - - - -				
- - - - - - - - -				

Total Calories: _____

Total Daily Calories: [_____]

🏃 Exercise	Desired Goal	Actual Goal	Calories Burned
- - - - - - - - -			
- - - - - - - - -			
- - - - - - - - -			

Total Calories Burned:_____

Daily Happiness Score

How happy are you with your food & exercise today?

🍽 Food (1-5) :_____ + _____ + _____ = _____ ÷ _____ = _____

🏃 Exercise (1-5) :_____

Win tomorrow today! Fill out tomorrow exercise activities ☐

10 Day Recap

Time to measure your
DISCIPLINE
AND HAPPINESS!

My biggest achievement over the last 10 days:

My biggest challenge over the last 10 days:

Possible solutions to my challanges:

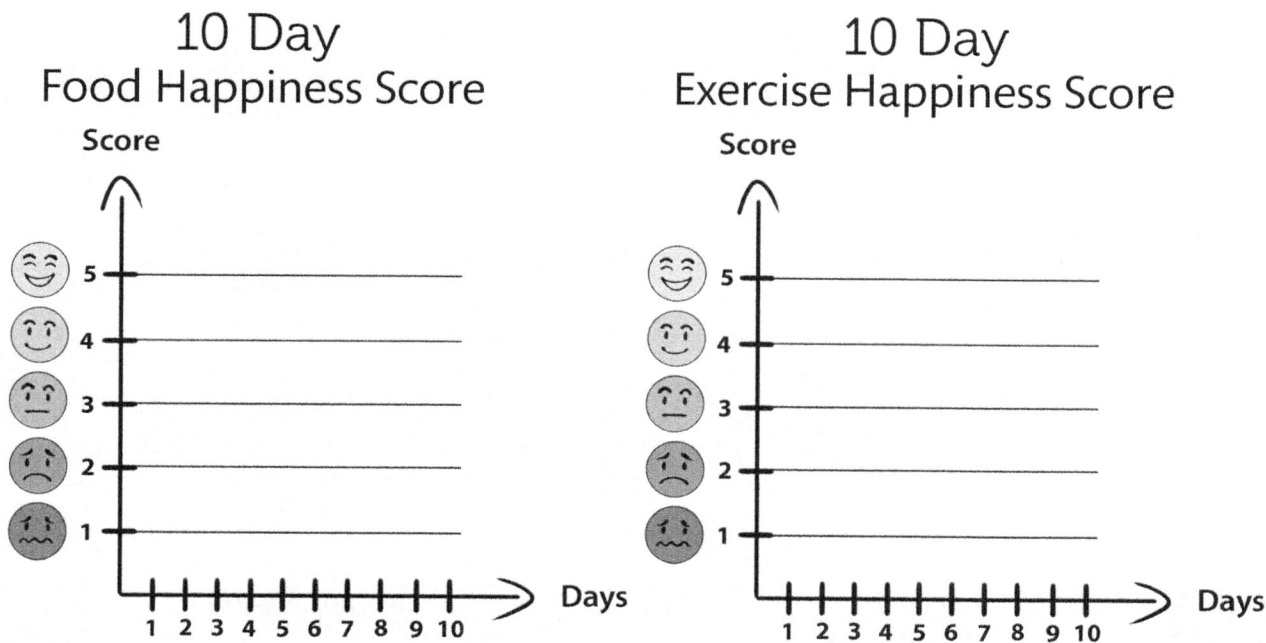

| 10 Day | 10 Day |
| Food Happiness Score | Exercise Happiness Score |

Food Happiness Average: Total score from 10 days: _____ ÷ 10 = _____

Excercise Happiness Average: Total score from 10 days: _____ ÷10 = _____

Did I become more disciplined with food and excercise in the last 10 days? **Y N**

To become more disciplined with my food over the next 10 days, I will:

To become more disciplined with my excercise over the next 10 days, I will:

YOU ARE 50% COMPLETED!

LET'S KEEP GOING!

DAY *51*

Date: _____

"Look like a beauty. Train like a beast." - *April Jones*

☐☐☐
☐☐☐

☐☐☐
☐☐☐

Today, I am grateful for:

☀ Breakfast	Amount	Calories
- - - - - - - -	- - - - -	- - - - -
- - - - - - - -	- - - - -	- - - - -
- - - - - - - -	- - - - -	- - - - -
- - - - - - - -	- - - - -	- - - - -

Time:_____Where:_____

How do you feel about your meal?

1 2 3 4 5
☹ ☹ 😐 🙂 😄
○ ○ ○ ○ ○

Total Calories: _____

☀ Lunch	Amount	Calories
- - - - - - - -	- - - - -	- - - - -
- - - - - - - -	- - - - -	- - - - -
- - - - - - - -	- - - - -	- - - - -
- - - - - - - -	- - - - -	- - - - -

Time:_____Where:_____

How do you feel about your meal?

1 2 3 4 5
☹ ☹ 😐 🙂 😄
○ ○ ○ ○ ○

Total Calories: _____

Dinner	Amount	Calories	Time:_____ Where:_____
- - - - - - - - - - - -	- - - - - -	- - - - -	How do you feel about your meal?
- - - - - - - - - - - -	- - - - - -	- - - - -	

How do you feel about your meal?

1	2	3	4	5
☹	☹	😐	🙂	😄
○	○	○	○	○

Total Calories: _____

🥤 Snack	Amount	Calories	Time	Where
- - - - - - - -	- - - - - -	- - - - -	- - - - -	- - - - -
- - - - - - - -	- - - - - -	- - - - -	- - - - -	- - - - -
- - - - - - - -	- - - - - -	- - - - -	- - - - -	- - - - -

Total Calories: _____

Total Daily Calories: [_____]

🏃 Exercise	Desired Goal	Actual Goal	Calories Burned
- - - - - - - -	- - - - -	- - - - -	- - - - -
- - - - - - - -	- - - - -	- - - - -	- - - - -
- - - - - - - -	- - - - -	- - - - -	- - - - -

Total Calories Burned:_____

Daily Happiness Score

How happy are you with your food & exercise today?

🍽 Food (1-5) :_____+_____+_____ =_____ ÷ _____=_____

🏃 Exercise (1-5) :_____

Win tomorrow today! Fill out tomorrow exercise activities ☐

DAY 52

Date: _____

"Without consistency there is no moral strength." - John Owen

☐☐☐☐
☐☐☐☐   ☐☐☐☐
              ☐☐☐☐

Today, I am grateful for:

Breakfast	Amount	Calories
- - - - - - - -	- - - - -	- - - - -
- - - - - - - -	- - - - -	- - - - -
- - - - - - - -	- - - - -	- - - - -
- - - - - - - -	- - - - -	- - - - -

Time:_____ Where:_____

How do you feel about your meal?

1	2	3	4	5
○	○	○	○	○

Total Calories: _____

Lunch	Amount	Calories
- - - - - - - -	- - - - -	- - - - -
- - - - - - - -	- - - - -	- - - - -
- - - - - - - -	- - - - -	- - - - -
- - - - - - - -	- - - - -	- - - - -

Time:_____ Where:_____

How do you feel about your meal?

1	2	3	4	5
○	○	○	○	○

131

Total Calories: _____

Dinner	Amount	Calories	Time:_____ Where:_____
- - - - - - - - - - - - - - - - - -			How do you feel about your meal?
- - - - - - - - - - - - - - - - - -			
- - - - - - - - - - - - - - - - - -			
- - - - - - - - - - - - - - - - - -			

1 2 3 4 5

Total Calories: _____

Snack	Amount	Calories	Time	Where
- - - - - - - - - - - - -				
- - - - - - - - - - - - -				
- - - - - - - - - - - - -				

Total Calories: _____

Total Daily Calories: [   ]

Exercise	Desired Goal	Actual Goal	Calories Burned
- - - - - - - - - - - -			
- - - - - - - - - - - -			
- - - - - - - - - - - -			

Total Calories Burned:_____

Daily Happiness Score

How happy are you with your food & exercise today?

Food (1-5) :_____+_____+_____=_____ ÷ _____=_____

Exercise (1-5) :_____

Win tomorrow today! Fill out tomorrow exercise activities ☐

132

Date:

_____

"You learn so much from taking chances, whether they work out or not. Either way, you can grow from the experience and become stronger and smarter." - John Legend

☐ ☐ ☐ ☐
☐ ☐ ☐ ☐

☐ ☐ ☐ ☐
☐ ☐ ☐ ☐

Today, I am grateful for:

Breakfast	Amount	Calories

Time:_____Where:_____

How do you feel about your meal?

1	2	3	4	5
☹	☹	😐	🙂	😄
○	○	○	○	○

Total Calories: _____

Lunch	Amount	Calories

Time:_____Where:_____

How do you feel about your meal?

1	2	3	4	5
☹	☹	😐	🙂	😄
○	○	○	○	○

Total Calories: _____

C Dinner	Amount	Calories	Time:_____ Where:_____
- - - - - - - - - - - - -	- - - - -	- - - - -	How do you feel about your meal?
- - - - - - - - - - - - -	- - - - -	- - - - -	
- - - - - - - - - - - - -	- - - - -	- - - - -	
- - - - - - - - - - - - -	- - - - -	- - - - -	

How do you feel about your meal?

1	2	3	4	5
○	○	○	○	○

Total Calories: _____

🥤 Snack	Amount	Calories	Time	Where
- - - - - -	- - - -	- - - -	- - - -	- - - -
- - - - - -	- - - -	- - - -	- - - -	- - - -
- - - - - -	- - - -	- - - -	- - - -	- - - -

Total Calories: _____

Total Daily Calories: [   ]

🏃 Exercise		Desired Goal	Actual Goal	Calories Burned
- - - - - -		- - - -	- - - -	- - - -
- - - - - -		- - - -	- - - -	- - - -
- - - - - -		- - - -	- - - -	- - - -

Total Calories Burned:_____

Daily Happiness Score

How happy are you with your food & exercise today?

🍽 Food (1-5) :_____ +_____ +_____ =_____ ÷ _____ =_____

🏃 Exercise (1-5) :_____

Win tomorrow today! Fill out tomorrow exercise activities ☐

134

DAY 54

Date: _____

"I believe in taking chances and living your life. Sometimes doors open and others close and you have to figure out which one you're going to take. I'm always for the one that's challenging." - Gisele Bundchen

Today, I am grateful for:

Breakfast	Amount	Calories
- - - - - -	- - - - - -	- - - - - -
- - - - - -	- - - - - -	- - - - - -
- - - - - -	- - - - - -	- - - - - -

Total Calories: _____

Time: _____ Where: _____

How do you feel about your meal?

1   2   3   4   5

○   ○   ○   ○   ○

Lunch	Amount	Calories
- - - - - -	- - - - - -	- - - - - -
- - - - - -	- - - - - -	- - - - - -
- - - - - -	- - - - - -	- - - - - -

Total Calories: _____

Time: _____ Where: _____

How do you feel about your meal?

1   2   3   4   5

○   ○   ○   ○   ○

Dinner	Amount	Calories	Time:_____ Where:_____
- - - - - - - - - - -		- - - -	How do you feel about your meal?
- - - - - - - - - - -		- - - -	
- - - - - - - - - - -		- - - -	
- - - - - - - - - - -		- - - -	

How do you feel about your meal?

1	2	3	4	5
◯	◯	◯	◯	◯

Total Calories: _____

Snack	Amount	Calories	Time	Where

Total Calories: _____

Total Daily Calories: [   ]

Exercise	Desired Goal	Actual Goal	Calories Burned

Total Calories Burned:_____

Daily Happiness Score

How happy are you with your food & exercise today?

Food (1-5) :_____ + _____ + _____ = _____ ÷ _____ = _____

Exercise (1-5) :_____

Win tomorrow today! Fill out tomorrow exercise activities ☐

Date: _____

"The only journey is the journey within." - Rainer Maria Rilke

☐☐☐
☐☐☐

☐☐☐
☐☐☐

Today, I am grateful for:

Breakfast	Amount	Calories
- - - - -	- - - - -	- - - - -

Time: _____ Where: _____

How do you feel about your meal?

1　2　3　4　5

○　○　○　○　○

Total Calories: _____

Lunch	Amount	Calories
- - - - -	- - - - -	- - - - -

Time: _____ Where: _____

How do you feel about your meal?

1　2　3　4　5

○　○　○　○　○

137

Total Calories: _____

Dinner	Amount	Calories	Time:_____ Where:_____

How do you feel about your meal?

1	2	3	4	5
◯	◯	◯	◯	◯

Total Calories: _____

Snack	Amount	Calories	Time	Where

Total Calories: _____

Total Daily Calories: [_____]

Exercise	Desired Goal	Actual Goal	Calories Burned

Total Calories Burned:_____

Daily Happiness Score

How happy are you with your food & exercise today?

Food (1-5) :_____+_____+_____=_____ ÷ _____=_____

Exercise (1-5) :_____

Win tomorrow today! Fill out tomorrow exercise activities ☐ 138

DAY 56

Date: _____

"The difference between someone who is in shape, and someone who is not in shape, is the individual who is in shape works out even when they do not want to." - Unknown

☐ ☐ ☐ ☐
☐ ☐ ☐ ☐   ☐ ☐ ☐ ☐
                  ☐ ☐ ☐ ☐

Today, I am grateful for:

Breakfast	Amount	Calories

Time:_____ Where:_____

How do you feel about your meal?

1   2   3   4   5

○   ○   ○   ○   ○

Total Calories: _____

Lunch	Amount	Calories

Time:_____ Where:_____

How do you feel about your meal?

1   2   3   4   5

○   ○   ○   ○   ○

Total Calories: _____

C Dinner	Amount	Calories	Time:_____ Where:_____
- - - - - - - - - -			How do you feel about your meal?
- - - - - - - - - -			1　2　3　4　5
- - - - - - - - - -			○　○　○　○　○
- - - - - - - - - -			

Total Calories: _____

🥤 Snack	Amount	Calories	Time	Where
- - - - - - - - -				
- - - - - - - - -				
- - - - - - - - -				

Total Calories: _____

Total Daily Calories: [_____]

🏃 Exercise	Desired Goal	Actual Goal	Calories Burned
- - - - - - - - -			
- - - - - - - - -			
- - - - - - - - -			

Total Calories Burned:_____

Daily Happiness Score

How happy are you with your food & exercise today?

🍽 Food (1-5) :_____+_____+_____=_____ ÷ _____=_____

🏃 Exercise (1-5) :_____

Win tomorrow today! Fill out tomorrow exercise activities ☐

DAY 57

Date: _____

"Being strong can be also feminine. I don't think feminine equals being weak. Being strong is very sexy." - Sanaa Lathan

Today, I am grateful for:

Breakfast	Amount	Calories
- - - - -	- - - -	- - - - -
- - - - -	- - - -	- - - - -
- - - - -	- - - -	- - - - -
- - - - -	- - - -	- - - - -

Total Calories: _____

Time:_____ Where:_____

How do you feel about your meal?

1   2   3   4   5

Lunch	Amount	Calories
- - - - -	- - - -	- - - - -
- - - - -	- - - -	- - - - -
- - - - -	- - - -	- - - - -

Total Calories: _____

Time:_____ Where:_____

How do you feel about your meal?

1   2   3   4   5

Dinner	Amount	Calories	Time:_____ Where:_____
- - - - - - - - - -		- - - - -	**How do you feel about your meal?**
- - - - - - - - - -		- - - - -	1 2 3 4 5
- - - - - - - - - -		- - - - -	○ ○ ○ ○ ○

Total Calories: _____

Snack	Amount	Calories	Time	Where
- - - - - - - - - -				
- - - - - - - - - -				
- - - - - - - - - -				

Total Calories: _____

Total Daily Calories: [_____]

Exercise		Desired Goal	Actual Goal	Calories Burned
- - - - - - - - - -				
- - - - - - - - - -				
- - - - - - - - - -				

Total Calories Burned:_____

Daily Happiness Score

How happy are you with your food & exercise today?

Food (1-5) :_____+_____+_____=_____ ÷ _____=_____

Exercise (1-5) :_____

Win tomorrow today! Fill out tomorrow exercise activities ☐

DAY 58

Date:
_____

"Take chances, make mistakes. That's how you grow. Pain nourishes your courage. You have to fail in order to practice being brave." - Mary Tyler Moore

☐ ☐ ☐ ☐
☐ ☐ ☐ ☐   ☐ ☐ ☐ ☐
                 ☐ ☐ ☐ ☐

Today, I am grateful for:

☀ Breakfast	Amount	Calories
- - - - - - -	- - - - -	- - - - -
- - - - - - -	- - - - -	- - - - -
- - - - - - -	- - - - -	- - - - -
- - - - - - -	- - - - -	- - - - -

Time:_____Where:_____

How do you feel about your meal?

1   2   3   4   5
☺ ☺ ☺ ☺ ☺
○   ○   ○   ○   ○

Total Calories: _____

☀ Lunch	Amount	Calories
- - - - - - -	- - - - -	- - - - -
- - - - - - -	- - - - -	- - - - -
- - - - - - -	- - - - -	- - - - -
- - - - - - -	- - - - -	- - - - -

Time:_____Where:_____

How do you feel about your meal?

1   2   3   4   5
☺ ☺ ☺ ☺ ☺
○   ○   ○   ○   ○

Total Calories: _____

Dinner

	Amount	Calories
- - - - - - - - -		
- - - - - - - - -		
- - - - - - - - -		
- - - - - - - - -		

Time:_____ Where:_____

How do you feel about your meal?

1	2	3	4	5
☹	☹	😐	🙂	😄
○	○	○	○	○

Total Calories: _____

Snack

	Amount	Calories	Time	Where
- - - - - - -				
- - - - - - -				
- - - - - - -				

Total Calories: _____

Total Daily Calories: [   ]

Exercise

	Desired Goal	Actual Goal	Calories Burned
- - - - - - -			
- - - - - - -			
- - - - - - -			

Total Calories Burned:_____

Daily Happiness Score

How happy are you with your food & exercise today?

Food (1-5) :_____ + _____ + _____ = _____ ÷ _____ = _____

Exercise (1-5) :_____

Win tomorrow today! Fill out tomorrow exercise activities ☐

DAY 59

Date: _____

"Physical fitness is not only one of the most important keys to a healthy body, it is the basis of dynamic and creative intellectual activity." - John F. Kennedy

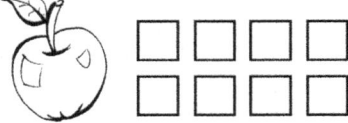

☐ ☐ ☐ ☐
☐ ☐ ☐ ☐

☐ ☐ ☐ ☐
☐ ☐ ☐ ☐

Today, I am grateful for:

Breakfast	Amount	Calories
- - - - -	- - - -	- - - - -

Time: _____ Where: _____

How do you feel about your meal?

1	2	3	4	5
☹	☹	😐	🙂	😄
○	○	○	○	○

Total Calories: _____

Lunch	Amount	Calories
- - - -	- - - -	- - - - -

Time: _____ Where: _____

How do you feel about your meal?

1	2	3	4	5
☹	☹	😐	🙂	😄
○	○	○	○	○

Total Calories: _____

C Dinner	Amount	Calories	Time:_____ Where:_____
- - - - - - - -			How do you feel about your meal?
- - - - - - - -			
- - - - - - - -			
- - - - - - - -			

How do you feel about your meal?

1	2	3	4	5
◯	◯	◯	◯	◯

Total Calories: _____

🥤 Snack	Amount	Calories	Time	Where
- - - - - - - -				- - - - - - - -
- - - - - - - -				- - - - - - - -
- - - - - - - -				- - - - - - - -

Total Calories: _____

Total Daily Calories: [_____]

🏃 Exercise		Desired Goal	Actual Goal	Calories Burned
- - - - - - - -				
- - - - - - - -				
- - - - - - - -				

Total Calories Burned:_____

Daily Happiness Score

How happy are you with your food & exercise today?

🍽 Food (1-5) :_____+_____+_____=_____ ÷ _____=_____

🏃 Exercise (1-5) :_____

Win tomorrow today! Fill out tomorrow exercise activities ☐   146

DAY 60

Date: _____

"Consistency: It's the jewel worth wearing; It's the anchor worth weighing; It's the thread worth weaving; It's a battle worth winning." - Charles Swindoll

☐ ☐ ☐ ☐
☐ ☐ ☐ ☐   ☐ ☐ ☐ ☐
                 ☐ ☐ ☐ ☐

Today, I am grateful for:

Breakfast	Amount	Calories
- - - - -	- - - -	- - - -
- - - - -	- - - -	- - - -
- - - - -	- - - -	- - - -
- - - - -	- - - -	- - - -

Time:_____ Where:_____

How do you feel about your meal?

1   2   3   4   5

Total Calories: _____

Lunch	Amount	Calories
- - - -	- - - -	- - - -
- - - -	- - - -	- - - -
- - - -	- - - -	- - - -
- - - -	- - - -	- - - -

Time:_____ Where:_____

How do you feel about your meal?

1   2   3   4   5

Total Calories: _____

◐ Dinner	Amount	Calories	Time:_____ Where:_____
- - - - - - - - - -			**How do you feel about your meal?**
- - - - - - - - - -			1 2 3 4 5
- - - - - - - - - -			☹ ☹ 😐 🙂 😊
- - - - - - - - - -			○ ○ ○ ○ ○

Total Calories: _____

🥤 Snack	Amount	Calories	Time	Where
- - - - - -				
- - - - - -				
- - - - - -				

Total Calories: _____

Total Daily Calories: [   ]

🏃 Exercise	Desired Goal	Actual Goal	Calories Burned
- - - - - -			
- - - - - -			
- - - - - -			

Total Calories Burned:_____

Daily Happiness Score

How happy are you with your food & exercise today?

🍽 Food (1-5) :_____+_____+_____=_____ ÷ _____=_____

🏃 Exercise (1-5) :_____

Win tomorrow today! **Fill out tomorrow exercise activities** ☐

10 Day Recap

Time to measure your
DISCIPLINE
AND HAPPINESS!

My biggest achievement over the last 10 days:

My biggest challenge over the last 10 days:

Possible solutions to my challanges:

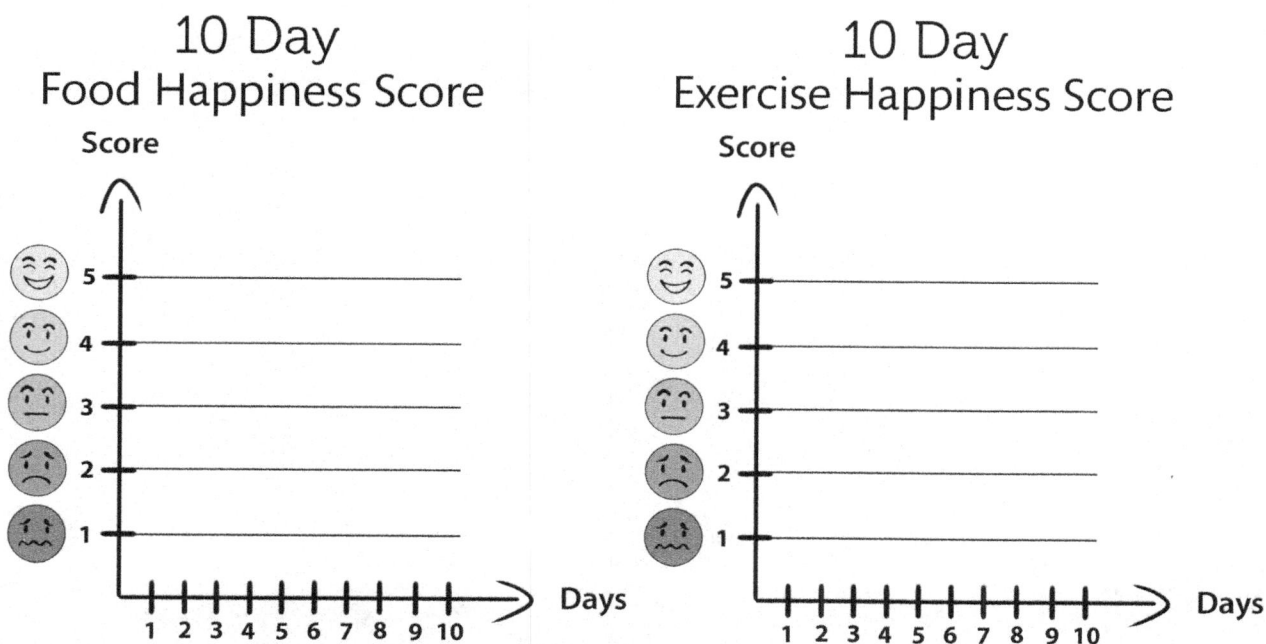

Food Happiness Average: Total score from 10 days: _____ ÷ 10 = _____

Excercise Happiness Average: Total score from 10 days: _____ ÷10 = _____

Did I become more disciplined with food and excercise in the last 10 days? **Y N**

To become more disciplined with my food over the next 10 days, I will:

To become more disciplined with my excercise over the next 10 days, I will:

YOU ARE 60% COMPLETED!

LET'S KEEP GOING!

DAY *61*

Date: _____

"Every chance taken is another chance to win." - Unknown

Today, I am grateful for:

Breakfast	Amount	Calories
- - - - - - - - -	- - - - - -	- - - - - -
- - - - - - - - -	- - - - - -	- - - - - -
- - - - - - - - -	- - - - - -	- - - - - -
- - - - - - - - -	- - - - - -	- - - - - -

Time:_____ Where:_____

How do you feel about your meal?

1   2   3   4   5

Total Calories: _____

Lunch	Amount	Calories
- - - - - - - - -	- - - - - -	- - - - - -
- - - - - - - - -	- - - - - -	- - - - - -
- - - - - - - - -	- - - - - -	- - - - - -
- - - - - - - - -	- - - - - -	- - - - - -

Time:_____ Where:_____

How do you feel about your meal?

1   2   3   4   5

Total Calories: _____

Dinner

Dinner	Amount	Calories	Time:_____ Where:_____
- - - - - - - - - -			How do you feel about your meal?
- - - - - - - - - -			
- - - - - - - - - -			
- - - - - - - - - -			

How do you feel about your meal?

1	2	3	4	5
⊗	☹	😐	🙂	😄
○	○	○	○	○

Total Calories: _____

Snack

Snack	Amount	Calories	Time	Where
- - - - - - - -				
- - - - - - - -				
- - - - - - - -				

Total Calories: _____

Total Daily Calories: [_____]

Exercise

Exercise	Desired Goal	Actual Goal	Calories Burned
- - - - - - - -			
- - - - - - - -			
- - - - - - - -			

Total Calories Burned:_____

Daily Happiness Score

How happy are you with your food & exercise today?

Food (1-5) :_____ + _____ + _____ = _____ ÷ _____ = _____

Exercise (1-5) :_____

Win tomorrow today! Fill out tomorrow exercise activities ☐

154

DAY 62

Date: _____

"Strength does not come from winning. Your struggles develop your strengths. When you go through hardships and decide not to surrender, that is strength." - Arnold Schwarzenegger

☐ ☐ ☐ ☐   ☐ ☐ ☐ ☐
☐ ☐ ☐ ☐   ☐ ☐ ☐ ☐

Today, I am grateful for:

Breakfast	Amount	Calories
- - - - -	- - - -	- - - - -
- - - - -	- - - -	- - - - -
- - - - -	- - - -	- - - - -
- - - - -	- - - -	- - - - -

Time:_____ Where:_____

How do you feel about your meal?

1   2   3   4   5
○   ○   ○   ○   ○

Total Calories: _____

Lunch	Amount	Calories
- - - - -	- - - -	- - - - -
- - - - -	- - - -	- - - - -
- - - - -	- - - -	- - - - -
- - - - -	- - - -	- - - - -

Time:_____ Where:_____

How do you feel about your meal?

1   2   3   4   5
○   ○   ○   ○   ○

Total Calories: _____

C Dinner	Amount	Calories	Time:_____ Where:_____
- - - - - - - - - - - - -			
- - - - - - - - - - - - -			
- - - - - - - - - - - - -			
- - - - - - - - - - - - -			

How do you feel about your meal?

1	2	3	4	5
☹	☹	😐	🙂	😄
○	○	○	○	○

Total Calories: _____

🥤 Snack	Amount	Calories	Time	Where
- - - - - - - - -	- - - - - - -	- - - - - - -	- - - - - - -	- - - - - - -
- - - - - - - - -	- - - - - - -	- - - - - - -	- - - - - - -	- - - - - - -
- - - - - - - - -	- - - - - - -	- - - - - - -	- - - - - - -	- - - - - - -

Total Calories: _____

Total Daily Calories: [_____]

🏃 Exercise	Desired Goal	Actual Goal	Calories Burned
- - - - - - - -	- - - - - -	- - - - - -	- - - - - -
- - - - - - - -	- - - - - -	- - - - - -	- - - - - -
- - - - - - - -	- - - - - -	- - - - - -	- - - - - -

Total Calories Burned:_____

Daily Happiness Score

How happy are you with your food & exercise today?

🍽 Food (1-5) :_____ + _____ + _____ = _____ ÷ _____ = _____

🏃 Exercise (1-5) :_____

Win tomorrow today! Fill out tomorrow exercise activities ☐

DAY 63

Date: _____

"CONSISTENCY FOR ME IS EVERYTHING." - Alexei Navalny

☐☐☐ ☐☐☐   ☐☐☐ ☐☐☐

Today, I am grateful for:

Breakfast	Amount	Calories
- - - - - - - - - -		
- - - - - - - - - -		
- - - - - - - - - -		
- - - - - - - - - -		

Total Calories: _____

Time:_____ Where:_____

How do you feel about your meal?

1   2   3   4   5

○ ○ ○ ○ ○

Lunch	Amount	Calories
- - - - - - - - - -		
- - - - - - - - - -		
- - - - - - - - - -		
- - - - - - - - - -		

Total Calories: _____

Time:_____ Where:_____

How do you feel about your meal?

1   2   3   4   5

○ ○ ○ ○ ○

Dinner

	Amount	Calories
- - - - - - - -	- - - - - -	- - - - -
- - - - - - - -	- - - - - -	- - - - -
- - - - - - - -	- - - - - -	- - - - -
- - - - - - - -	- - - - - -	- - - - -

Time:_____ Where:_____

How do you feel about your meal?

1	2	3	4	5
○	○	○	○	○

Total Calories: _____

Snack

	Amount	Calories	Time	Where
- - - - - -	- - - - -	- - - - -	- - - - -	- - - - -
- - - - - -	- - - - -	- - - - -	- - - - -	- - - - -
- - - - - -	- - - - -	- - - - -	- - - - -	- - - - -

Total Calories: _____

Total Daily Calories:

Exercise

	Desired Goal	Actual Goal	Calories Burned
- - - - - -	- - - - -	- - - - -	- - - - -
- - - - - -	- - - - -	- - - - -	- - - - -
- - - - - -	- - - - -	- - - - -	- - - - -

Total Calories Burned:_____

Daily Happiness Score

How happy are you with your food & exercise today?

Food (1-5) :_____ +_____ +_____ =_____ ÷ _____ =_____

Exercise (1-5) :_____

Win tomorrow today! Fill out tomorrow exercise activities ☐

158

Date: _____

"Working out is my biggest hobby. It's my Zen hour. I just zone out." - *Zac Efron*

Today, I am grateful for:

Breakfast	Amount	Calories
- - - - - - - - -		- - - - - -
- - - - - - - - -		- - - - - -
- - - - - - - - -		- - - - - -
- - - - - - - - -		- - - - - -

Time:_____ Where:_____

How do you feel about your meal?

1	2	3	4	5
○	○	○	○	○

Total Calories: _____

Lunch	Amount	Calories

Time:_____ Where:_____

How do you feel about your meal?

1	2	3	4	5
○	○	○	○	○

Total Calories: _____

Dinner	Amount	Calories	Time:_____ Where:_____
- - - - - - - - - - - -			
- - - - - - - - - - - -			
- - - - - - - - - - - -			
- - - - - - - - - - - -			

How do you feel about your meal?

1	2	3	4	5
◯	◯	◯	◯	◯

Total Calories: _____

Snack	Amount	Calories	Time	Where
- - - - - - - - - - - -				
- - - - - - - - - - - -				
- - - - - - - - - - - -				

Total Calories: _____

Total Daily Calories: [_____]

Exercise	Desired Goal	Actual Goal	Calories Burned
- - - - - - - - - - - -			
- - - - - - - - - - - -			
- - - - - - - - - - - -			

Total Calories Burned:_____

Daily Happiness Score

How happy are you with your food & exercise today?

Food (1-5) :_____+_____+_____=_____ ÷ _____=_____

Exercise (1-5) :_____

Win tomorrow today! Fill out tomorrow exercise activities ☐

DAY 65

Date: _____

"Consistency is a jewel, but too much jewelry is vulgar." - Evan Esar

☐☐☐
☐☐☐

☐☐☐
☐☐☐

Today, I am grateful for:

Breakfast	Amount	Calories
- - - - -	- - - -	- - - - -
- - - - -	- - - -	- - - - -
- - - - -	- - - -	- - - - -
- - - - -	- - - -	- - - - -

Time:_____Where:_____

How do you feel about your meal?

1   2   3   4   5
○   ○   ○   ○   ○

Total Calories: _____

Lunch	Amount	Calories
- - -	- - - -	- - - - -
- - -	- - - -	- - - - -
- - -	- - - -	- - - - -
- - -	- - - -	- - - - -

Time:_____Where:_____

How do you feel about your meal?

1   2   3   4   5
○   ○   ○   ○   ○

Total Calories: _____

Dinner	Amount	Calories	Time:_____ Where:_____
- - - - - - - - - - - - - - - - - -			
- - - - - - - - - - - - - - - - - -			
- - - - - - - - - - - - - - - - - -			
- - - - - - - - - - - - - - - - - -			

How do you feel about your meal?

1	2	3	4	5
○	○	○	○	○

Total Calories: _____

Snack	Amount	Calories	Time	Where
- - - - - - - - - -				
- - - - - - - - - -				
- - - - - - - - - -				

Total Calories: _____

Total Daily Calories: _____

Exercise	Desired Goal	Actual Goal	Calories Burned
- - - - - - - - - - -			
- - - - - - - - - - -			
- - - - - - - - - - -			

Total Calories Burned:_____

Daily Happiness Score

How happy are you with your food & exercise today?

Food (1-5) :_____+_____+_____=_____ ÷ _____=_____

Exercise (1-5) :_____

Win tomorrow today! Fill out tomorrow exercise activities ☐

DAY 66

Date: _____

"He who believes is strong; he who doubts is weak. Strong convictions precede great actions." - Louisa May Alcott

Today, I am grateful for:

Breakfast	Amount	Calories	Time:_____ Where:_____
- - - - - -	- - - - -	- - - - -	How do you feel about your meal?
- - - - - -	- - - - -	- - - - -	1 2 3 4 5
- - - - - -	- - - - -	- - - - -	😣 😟 😐 🙂 😄
- - - - - -	- - - - -	- - - - -	○ ○ ○ ○ ○

Total Calories: _____

Lunch	Amount	Calories	Time:_____ Where:_____
- - - - - -	- - - - -	- - - - -	How do you feel about your meal?
- - - - - -	- - - - -	- - - - -	1 2 3 4 5
- - - - - -	- - - - -	- - - - -	😣 😟 😐 🙂 😄
- - - - - -	- - - - -	- - - - -	○ ○ ○ ○ ○

Total Calories: _____

Dinner	Amount	Calories	Time:_____ Where:_____
- - - - - - - - - - - - -	- - - - - - - -	- - - - - -	How do you feel about your meal?
- - - - - - - - - - - - -	- - - - - - - -	- - - - - -	1 2 3 4 5
- - - - - - - - - - - - -	- - - - - - - -	- - - - - -	☹ ☹ 😐 🙂 😄
- - - - - - - - - - - - -	- - - - - - - -	- - - - - -	○ ○ ○ ○ ○

Total Calories: _____

Snack	Amount	Calories	Time	Where
- - - - - - -	- - - - - -	- - - - - -	- - - - - -	- - - - - -
- - - - - - -	- - - - - -	- - - - - -	- - - - - -	- - - - - -
- - - - - - -	- - - - - -	- - - - - -	- - - - - -	- - - - - -

Total Calories: _____

Total Daily Calories: [_____]

Exercise	Desired Goal	Actual Goal	Calories Burned
- - - - - - - -	- - - - - -	- - - - - -	- - - - - -
- - - - - - - -	- - - - - -	- - - - - -	- - - - - -
- - - - - - - -	- - - - - -	- - - - - -	- - - - - -

Total Calories Burned:_____

Daily Happiness Score

How happy are you with your food & exercise today?

Food (1-5) :_____ +_____ +_____ =_____ ÷ _____ =_____

Exercise (1-5) :_____

Win tomorrow today! **Fill out tomorrow exercise activities** ☐

DAY 67

Date:
_____

"The reward of a thing well done, is to have done it." - Ralph Waldo Emerson

Today, I am grateful for:

Breakfast	Amount	Calories
- - - - - - -	- - - - - - -	- - - - - - -
- - - - - - -	- - - - - - -	- - - - - - -
- - - - - - -	- - - - - - -	- - - - - - -
- - - - - - -	- - - - - - -	- - - - - - -

Time:_____ Where:_____

How do you feel about your meal?

1   2   3   4   5

Total Calories: _____

Lunch	Amount	Calories
- - - - - - -	- - - - - - -	- - - - - - -
- - - - - - -	- - - - - - -	- - - - - - -
- - - - - - -	- - - - - - -	- - - - - - -
- - - - - - -	- - - - - - -	- - - - - - -

Time:_____ Where:_____

How do you feel about your meal?

1   2   3   4   5

Total Calories: _____

Dinner	Amount	Calories	Time:_____ Where:_____
- - - - - - - - - - -			How do you feel about your meal?
- - - - - - - - - - -			1 2 3 4 5
- - - - - - - - - - -			◯ ◯ ◯ ◯ ◯
- - - - - - - - - - -			

Total Calories: _____

Snack	Amount	Calories	Time	Where
- - - - - - - -				
- - - - - - - -				
- - - - - - - -				

Total Calories: _____

Total Daily Calories: [_____]

Exercise	Desired Goal	Actual Goal	Calories Burned
- - - - - - - -			
- - - - - - - -			
- - - - - - - -			

Total Calories Burned:_____

Daily Happiness Score

How happy are you with your food & exercise today?

Food (1-5) :_____+_____+_____=_____ ÷ _____=_____

Exercise (1-5) :_____

Win tomorrow today! Fill out tomorrow exercise activities ☐

DAY 68

Date: _____

"In life we take chances to prove to ourselves that we are strong enough to be here." - Shaylee Schmidt

Today, I am grateful for:

Breakfast	Amount	Calories
- - - - - - - -	- - - - - - -	- - - - - - -
- - - - - - - -	- - - - - - -	- - - - - - -
- - - - - - - -	- - - - - - -	- - - - - - -
- - - - - - - -	- - - - - - -	- - - - - - -

Total Calories: _____

Time:_____ Where:_____

How do you feel about your meal?

1   2   3   4   5

Lunch	Amount	Calories
- - - - - - - -	- - - - - - -	- - - - - - -
- - - - - - - -	- - - - - - -	- - - - - - -
- - - - - - - -	- - - - - - -	- - - - - - -
- - - - - - - -	- - - - - - -	- - - - - - -

Total Calories: _____

Time:_____ Where:_____

How do you feel about your meal?

1   2   3   4   5

C Dinner	Amount	Calories	Time:_____ Where:_____
- - - - - - - - - - - -			How do you feel about your meal?
- - - - - - - - - - - -			
- - - - - - - - - - - -			
- - - - - - - - - - - -			

How do you feel about your meal?

1	2	3	4	5
○	○	○	○	○

Total Calories: _____

Snack	Amount	Calories	Time	Where
- - - - - - - -	- - - - -	- - - - -	- - - - -	- - - - -
- - - - - - - -	- - - - -	- - - - -	- - - - -	- - - - -
- - - - - - - -	- - - - -	- - - - -	- - - - -	- - - - -

Total Calories: _____

Total Daily Calories: [   ]

Exercise	Desired Goal	Actual Goal	Calories Burned
- - - - - - - -	- - - - -	- - - - -	- - - - -
- - - - - - - -	- - - - -	- - - - -	- - - - -
- - - - - - - -	- - - - -	- - - - -	- - - - -

Total Calories Burned:_____

Daily Happiness Score

How happy are you with your food & exercise today?

Food (1-5) :_____ +_____ +_____ =_____ ÷ _____ =_____

Exercise (1-5) :_____

Win tomorrow today! **Fill out tomorrow exercise activities** ☐

DAY 69

Date:
_____

"Consistency is the quality of a stagnant mind." - John Sloan

☐☐☐☐
☐☐☐☐

☐☐☐☐
☐☐☐☐

Today, I am grateful for:

Breakfast	Amount	Calories
- - - - -	- - - -	- - - - -
- - - - -	- - - -	- - - - -
- - - - -	- - - -	- - - - -
- - - - -	- - - -	- - - - -

Time:_____Where:_____

How do you feel about your meal?

1 2 3 4 5
😣 😟 😐 🙂 😄
○ ○ ○ ○ ○

Total Calories: _____

Lunch	Amount	Calories
- - - - -	- - - -	- - - - -
- - - - -	- - - -	- - - - -
- - - - -	- - - -	- - - - -
- - - - -	- - - -	- - - - -

Time:_____Where:_____

How do you feel about your meal?

1 2 3 4 5
😣 😟 😐 🙂 😄
○ ○ ○ ○ ○

Total Calories: _____

C Dinner	Amount	Calories	Time:_____ Where:_____
- - - - - - - - - - -	- - - - -	- - - - -	How do you feel about your meal?
- - - - - - - - - - -	- - - - -	- - - - -	
- - - - - - - - - - -	- - - - -	- - - - -	
- - - - - - - - - - -	- - - - -	- - - - -	

How do you feel about your meal?

1	2	3	4	5
😖	🙁	😐	🙂	😄
◯	◯	◯	◯	◯

Total Calories: _____

🥤 Snack	Amount	Calories	Time	Where
- - - - - - - -	- - - -	- - - -	- - - -	- - - - - - - -
- - - - - - - -	- - - -	- - - -	- - - -	- - - - - - - -
- - - - - - - -	- - - -	- - - -	- - - -	- - - - - - - -

Total Calories: _____

Total Daily Calories: [_____]

🏃 Exercise	Desired Goal	Actual Goal	Calories Burned
- - - - - - - -	- - - -	- - - -	- - - -
- - - - - - - -	- - - -	- - - -	- - - -
- - - - - - - -	- - - -	- - - -	- - - -

Total Calories Burned:_____

Daily Happiness Score

How happy are you with your food & exercise today?

🍝 Food (1-5) :_____+_____+_____=_____ ÷ _____=_____

🏃 Exercise (1-5) :_____

Win tomorrow today! Fill out tomorrow exercise activities ☐

DAY 70

Date: _____

"Do it again and again. Consistency makes the rain drops to create holes in the rock. Whatever is difficult can be done easily with regular attendance, attention and action." - Israelmore Ayivo

☐ ☐ ☐ ☐
☐ ☐ ☐ ☐

☐ ☐ ☐
☐ ☐ ☐

Today, I am grateful for:

Breakfast	Amount	Calories
- - - - -	- - - -	- - - - -
- - - - -	- - - -	- - - - -
- - - - -	- - - -	- - - - -
- - - - -	- - - -	- - - - -

Time:_____ Where:_____

How do you feel about your meal?

1   2   3   4   5
○   ○   ○   ○   ○

Total Calories: _____

Lunch	Amount	Calories
- - - - -	- - - -	- - - - -
- - - - -	- - - -	- - - - -
- - - - -	- - - -	- - - - -

Time:_____ Where:_____

How do you feel about your meal?

1   2   3   4   5
○   ○   ○   ○   ○

Total Calories: _____

Dinner	Amount	Calories	Time:_____ Where:_____
- - - - - - - - - - - - -		- - - - -	**How do you feel about your meal?**
- - - - - - - - - - - - -		- - - - -	
- - - - - - - - - - - - -		- - - - -	1 2 3 4 5
- - - - - - - - - - - - -		- - - - -	○ ○ ○ ○ ○

Total Calories: _____

Snack	Amount	Calories	Time	Where
- - - - - - - -	- - - - -	- - - - -	- - - - -	- - - - -
- - - - - - - -	- - - - -	- - - - -	- - - - -	- - - - -
- - - - - - - -	- - - - -	- - - - -	- - - - -	- - - - -

Total Calories: _____

Total Daily Calories: [_____]

Exercise	Desired Goal	Actual Goal	Calories Burned
- - - - - - - -	- - - - -	- - - - -	- - - - -
- - - - - - - -	- - - - -	- - - - -	- - - - -
- - - - - - - -	- - - - -	- - - - -	- - - - -

Total Calories Burned:_____

Daily Happiness Score

How happy are you with your food & exercise today?

Food (1-5) :____+____+____=____ ÷ ____=____

Exercise (1-5) :____

Win tomorrow today! Fill out tomorrow exercise activities ☐

172

10 Day Recap

Time to measure your
DISCIPLINE
AND HAPPINESS!

My biggest achievement over the last 10 days:

My biggest challenge over the last 10 days:

Possible solutions to my challanges:

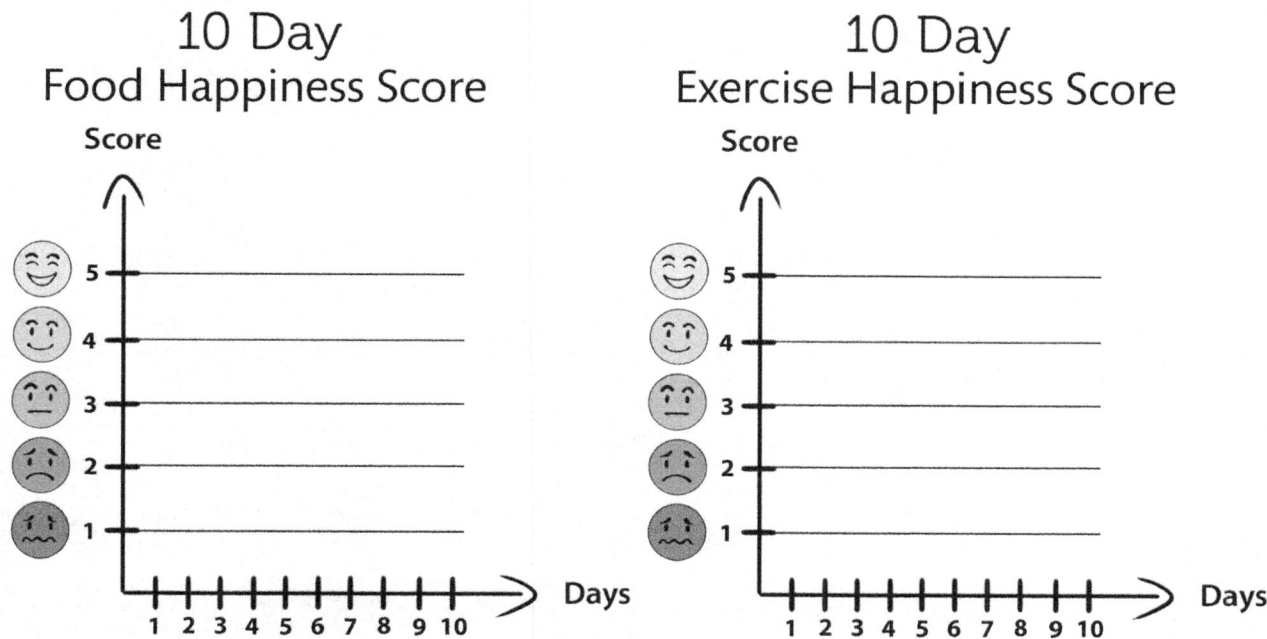

Food Happiness Average: Total score from 10 days: _____ ÷ 10 = _____

Excercise Happiness Average: Total score from 10 days: _____ ÷10 = _____

Did I become more disciplined with food and excercise in the last 10 days? **Y N**

To become more disciplined with my food over the next 10 days, I will:

To become more disciplined with my excercise over the next 10 days, I will:

YOU ARE 70% COMPLETED!

LET'S KEEP GOING!

Date:

_____

"Know yourself. Don't accept your dog's admiration as conclusive evidence that you are wonderful." - Ann Landers

Today, I am grateful for:

Breakfast	Amount	Calories
- - - - - - -	- - - - - -	- - - - -
- - - - - - -	- - - - - -	- - - - -
- - - - - - -	- - - - - -	- - - - -
- - - - - - -	- - - - - -	- - - - -

Total Calories: _____

Time:_____Where:_____

How do you feel about your meal?

1	2	3	4	5
○	○	○	○	○

Lunch	Amount	Calories
- - - - - - -	- - - - - -	- - - - -
- - - - - - -	- - - - - -	- - - - -
- - - - - - -	- - - - - -	- - - - -
- - - - - - -	- - - - - -	- - - - -

Total Calories: _____

Time:_____Where:_____

How do you feel about your meal?

1	2	3	4	5
○	○	○	○	○

177

C Dinner	Amount	Calories	Time:_____ Where:_____
- - - - - - - - - -			How do you feel about your meal?
- - - - - - - - - -			
- - - - - - - - - -			
- - - - - - - - - -			

How do you feel about your meal?

1	2	3	4	5
☹	☹	😐	🙂	😄
○	○	○	○	○

Total Calories: _____

🥤 Snack	Amount	Calories	Time	Where
- - - - - - -				
- - - - - - -				
- - - - - - -				

Total Calories: _____

Total Daily Calories: [_____]

🏃 Exercise	Desired Goal	Actual Goal	Calories Burned
- - - - - - -			
- - - - - - -			
- - - - - - -			

Total Calories Burned:_____

Daily Happiness Score
How happy are you with your food & exercise today?
🍽 Food (1-5) :_____+_____+_____=_____ ÷ _____=_____
🏃 Exercise (1-5) :_____

Win tomorrow today! Fill out tomorrow exercise activities ☐

Date:
_____

"Take a chance. You never know how perfect something might turn out to be." - Unknown

☐ ☐ ☐ ☐
☐ ☐ ☐ ☐

☐ ☐ ☐ ☐
☐ ☐ ☐ ☐

Today, I am grateful for:

Breakfast	Amount	Calories
- - - - -	- - - - -	- - - - -

Time:_____ Where:_____

How do you feel about your meal?

1	2	3	4	5
☹	☹	😐	🙂	😄
○	○	○	○	○

Total Calories: _____

Lunch	Amount	Calories
- - - - -	- - - - -	- - - - -

Time:_____ Where:_____

How do you feel about your meal?

1	2	3	4	5
☹	☹	😐	🙂	😄
○	○	○	○	○

Total Calories: _____

◖ Dinner	Amount	Calories	Time:_____ Where:_____
- - - - - - - - -		- - - -	
- - - - - - - - -		- - - -	
- - - - - - - - -		- - - -	
- - - - - - - - -		- - - -	

How do you feel about your meal?

1	2	3	4	5
○	○	○	○	○

Total Calories: _____

🥤 Snack	Amount	Calories	Time	Where
- - - - -				
- - - - -				
- - - - -				

Total Calories: _____

Total Daily Calories: [_____]

🏃 Exercise	Desired Goal	Actual Goal	Calories Burned
- - - - -			
- - - - -			
- - - - -			

Total Calories Burned:_____

Daily Happiness Score

How happy are you with your food & exercise today?

🥗 Food (1-5) :_____ +_____ +_____ =_____ ÷ _____ =_____

🏃 Exercise (1-5) :_____

Win tomorrow today! **Fill out tomorrow exercise activities** ☐   180

Date:
_____

"Consistency is a contraceptive; it prevents the birth of new things! " - Mehmet Muratildan

☐☐☐☐
☐☐☐☐

☐☐☐☐
☐☐☐☐

Today, I am grateful for:

Breakfast	Amount	Calories
- - - - - - - -		
- - - - - - - -		
- - - - - - - -		
- - - - - - - -		

Time:_____Where:_____

How do you feel about your meal?

1	2	3	4	5
😰	😟	😐	🙂	😊
○	○	○	○	○

Total Calories: _____

Lunch	Amount	Calories
- - - - - - - -		
- - - - - - - -		
- - - - - - - -		
- - - - - - - -		

Time:_____Where:_____

How do you feel about your meal?

1	2	3	4	5
😰	😟	😐	🙂	😊
○	○	○	○	○

Total Calories: _____

☾ Dinner	Amount	Calories	Time:_____ Where:_____
- - - - - - - - - - -			
- - - - - - - - - - -			
- - - - - - - - - - -			
- - - - - - - - - - -			

How do you feel about your meal?

1	2	3	4	5
😫	😟	😐	🙂	😊
○	○	○	○	○

Total Calories: _____

🍟 Snack	Amount	Calories	Time	Where
- - - - - - - -				
- - - - - - - -				
- - - - - - - -				

Total Calories: _____

Total Daily Calories: [_____]

🏃 Exercise	Desired Goal	Actual Goal	Calories Burned
- - - - - - - -			
- - - - - - - -			
- - - - - - - -			

Total Calories Burned:_____

Daily Happiness Score

How happy are you with your food & exercise today?

🍽 Food (1-5) :_____ + _____ + _____ = _____ ÷ _____ = _____

🏃 Exercise (1-5) :_____

Win tomorrow today! Fill out tomorrow exercise activities ☐ 182

DAY 74

Date:
_____

"A lifetime isn't forever, so take the first chance, don't wait for the second one!" - C. JoyBell C.

Today, I am grateful for:

Breakfast	Amount	Calories
- - - - - - -	- - - - - - -	- - - - - - -
- - - - - - -	- - - - - - -	- - - - - - -
- - - - - - -	- - - - - - -	- - - - - - -
- - - - - - -	- - - - - - -	- - - - - - -

Time:_____ Where:_____

How do you feel about your meal?

1   2   3   4   5

Total Calories: _____

Lunch	Amount	Calories
- - - - - - -	- - - - - - -	- - - - - - -
- - - - - - -	- - - - - - -	- - - - - - -
- - - - - - -	- - - - - - -	- - - - - - -
- - - - - - -	- - - - - - -	- - - - - - -

Time:_____ Where:_____

How do you feel about your meal?

1   2   3   4   5

Total Calories: _____

⟲ Dinner	Amount	Calories	Time:_____ Where:_____
- - - - - - - - - -	- - - - - - -	- - - - -	How do you feel about your meal?
- - - - - - - - - -	- - - - - - -	- - - - -	1 2 3 4 5
- - - - - - - - - -	- - - - - - -	- - - - -	😖 😟 😐 🙂 😄
- - - - - - - - - -	- - - - - - -	- - - - -	◯ ◯ ◯ ◯ ◯

Total Calories: _____

🥤 Snack	Amount	Calories	Time	Where
- - - - - - - - - -	- - - - - -	- - - - -	- - - - -	- - - - - - -
- - - - - - - - - -	- - - - - -	- - - - -	- - - - -	- - - - - - -
- - - - - - - - - -	- - - - - -	- - - - -	- - - - -	- - - - - - -

Total Calories: _____

Total Daily Calories: [   ]

🏃 Exercise	Desired Goal	Actual Goal	Calories Burned
- - - - - - - - - -	- - - - - -	- - - - -	- - - - - -
- - - - - - - - - -	- - - - - -	- - - - -	- - - - - -
- - - - - - - - - -	- - - - - -	- - - - -	- - - - - -

Total Calories Burned:_____

Daily Happiness Score

How happy are you with your food & exercise today?

🍝 Food (1-5) :_____+_____+_____=_____ ÷ _____=_____

🏃 Exercise (1-5) :_____

Win tomorrow today! Fill out tomorrow exercise activities ☐   184

DAY 75

Date: _____

"Consistency is found in that work whose whole and detail are suitable to the occasion. It arises from circumstance, custom, and nature." -Marcus V. Pollio

Today, I am grateful for:

Breakfast	Amount	Calories
- - - - -	- - - -	- - - - -
- - - - -	- - - -	- - - - -
- - - - -	- - - -	- - - - -
- - - - -	- - - -	- - - - -

Time:_____Where:_____

How do you feel about your meal?

1   2   3   4   5

Total Calories: _____

Lunch	Amount	Calories
- - - - -	- - - -	- - - - -
- - - - -	- - - -	- - - - -
- - - - -	- - - -	- - - - -
- - - - -	- - - -	- - - - -

Time:_____Where:_____

How do you feel about your meal?

1   2   3   4   5

Total Calories: _____

☾ Dinner

Dinner	Amount	Calories
- - - - -		
- - - - -		
- - - - -		
- - - - -		

Time:_____ Where:_____

How do you feel about your meal?

1	2	3	4	5
☹	☹	😐	🙂	😄
○	○	○	○	○

Total Calories: _____

🍿 Snack

Snack	Amount	Calories	Time	Where
- - - - -				
- - - - -				
- - - - -				

Total Calories: _____

Total Daily Calories: [_____]

🏃 Exercise

Exercise	Desired Goal	Actual Goal	Calories Burned
- - - - -			
- - - - -			
- - - - -			

Total Calories Burned:_____

Daily Happiness Score

How happy are you with your food & exercise today?

🍽 Food (1-5) :_____ + _____ + _____ = _____ ÷ _____ = _____

🏃 Exercise (1-5) :_____

Win tomorrow today! Fill out tomorrow exercise activities ☐

DAY 76

Date: _____

"Actions speak louder than words." - Abraham Lincoln

Today, I am grateful for:

☀ Breakfast	Amount	Calories	Time:_____ Where:_____
- - - - - - -	- - - - -	- - - - -	How do you feel about your meal?
- - - - - - -	- - - - -	- - - - -	1 2 3 4 5
- - - - - - -	- - - - -	- - - - -	○ ○ ○ ○ ○
- - - - - - -	- - - - -	- - - - -	

Total Calories: _____

☀ Lunch	Amount	Calories	Time:_____ Where:_____
- - - - - - -	- - - - -	- - - - -	How do you feel about your meal?
- - - - - - -	- - - - -	- - - - -	1 2 3 4 5
- - - - - - -	- - - - -	- - - - -	○ ○ ○ ○ ○
- - - - - - -	- - - - -	- - - - -	

Total Calories: _____

Dinner	Amount	Calories	Time:_____ Where:_____
- - - - - - - - - -			How do you feel about your meal?
- - - - - - - - - -			1 2 3 4 5
- - - - - - - - - -			○ ○ ○ ○ ○
- - - - - - - - - -			

Total Calories: _____

Snack	Amount	Calories	Time	Where
- - - - - -				
- - - - - -				
- - - - - -				

Total Calories: _____

Total Daily Calories: [   ]

Exercise	Desired Goal	Actual Goal	Calories Burned
- - - - - -			
- - - - - -			
- - - - - -			

Total Calories Burned:_____

Daily Happiness Score

How happy are you with your food & exercise today?

Food (1-5) :_____ + _____ + _____ = _____ ÷ _____ = _____

Exercise (1-5) :_____

Win tomorrow today! Fill out tomorrow exercise activities ☐

DAY 77

Date: _____

"Nothing important was ever achieved without someone taking a chance." - H Jackson Brown Jr

☐ ☐ ☐ ☐
☐ ☐ ☐ ☐

☐ ☐ ☐ ☐
☐ ☐ ☐ ☐

Today, I am grateful for:

☀ Breakfast	Amount	Calories
- - - - - - - -	- - - - - -	- - - - - - -
- - - - - - - -	- - - - - -	- - - - - - -
- - - - - - - -	- - - - - -	- - - - - - -
- - - - - - - -	- - - - - -	- - - - - - -

Time:_____ Where:_____

How do you feel about your meal?

1   2   3   4   5

○ ○ ○ ○ ○

Total Calories: _____

☀ Lunch	Amount	Calories
- - - - - - - -	- - - - - -	- - - - - - -
- - - - - - - -	- - - - - -	- - - - - - -
- - - - - - - -	- - - - - -	- - - - - - -
- - - - - - - -	- - - - - -	- - - - - - -

Time:_____ Where:_____

How do you feel about your meal?

1   2   3   4   5

○ ○ ○ ○ ○

Total Calories: _____

Dinner

Dinner	Amount	Calories
- - - - - - -		- - - - -
- - - - - - -		- - - - -
- - - - - - -		- - - - -
- - - - - - -		- - - - -

Time:_____ Where:_____

How do you feel about your meal?

1	2	3	4	5
◯	◯	◯	◯	◯

Total Calories: _____

Snack

Snack	Amount	Calories	Time	Where
- - - - - -	- - - - - -	- - - - - -	- - - - - -	- - - - - -
- - - - - -	- - - - - -	- - - - - -	- - - - - -	- - - - - -
- - - - - -	- - - - - -	- - - - - -	- - - - - -	- - - - - -

Total Calories: _____

Total Daily Calories: _____

Exercise

Exercise	Desired Goal	Actual Goal	Calories Burned
- - - - - -			
- - - - - -			
- - - - - -			

Total Calories Burned:_____

Daily Happiness Score

How happy are you with your food & exercise today?

Food (1-5) :_____ + _____ + _____ = _____ ÷ _____ = _____

Exercise (1-5) :_____

Win tomorrow today! Fill out tomorrow exercise activities ☐

Date: _____

"Those who think they have not time for bodily exercise will sooner or later have to find time for illness." - Edward Stanley

Today, I am grateful for:

Breakfast	Amount	Calories
- - - - -	- - - -	- - - - -
- - - - -	- - - -	- - - - -
- - - - -	- - - -	- - - - -
- - - - -	- - - -	- - - - -

Time:_____ Where:_____

How do you feel about your meal?

1   2   3   4   5

Total Calories: _____

Lunch	Amount	Calories
- - - - -	- - - -	- - - - -
- - - - -	- - - -	- - - - -
- - - - -	- - - -	- - - - -
- - - - -	- - - -	- - - - -

Time:_____ Where:_____

How do you feel about your meal?

1   2   3   4   5

Total Calories: _____

Dinner	Amount	Calories	Time:_____ Where:_____
- - - - - - - - - -			How do you feel about your meal?
- - - - - - - - - -			
- - - - - - - - - -			
- - - - - - - - - -			

How do you feel about your meal?

1	2	3	4	5
○	○	○	○	○

Total Calories: _____

Snack	Amount	Calories	Time	Where
- - - - - - - - -				- - - - -
- - - - - - - - -				- - - - -
- - - - - - - - -				- - - - -

Total Calories: _____

Total Daily Calories: [_____]

Exercise	Desired Goal	Actual Goal	Calories Burned
- - - - - - - - -			
- - - - - - - - -			
- - - - - - - - -			

Total Calories Burned:_____

Daily Happiness Score

How happy are you with your food & exercise today?

Food (1-5) :_____+_____+_____=_____ ÷ _____=_____

Exercise (1-5) :_____

Win tomorrow today! **Fill out tomorrow exercise activities** ☐

DAY 79

Date: _____

"True enjoyment comes from activity of the mind and exercise of the body; the two are ever united." - Wilhelm Von Humboldt

□ □ □ □
□ □ □ □

□ □ □ □
□ □ □ □

Today, I am grateful for:

Breakfast	Amount	Calories
- - - - - -	- - - -	- - - - -
- - - - - -	- - - -	- - - - -
- - - - - -	- - - -	- - - - -
- - - - - -	- - - -	- - - - -

Total Calories: _____

Time:_____ Where:_____

How do you feel about your meal?

1   2   3   4   5

○   ○   ○   ○   ○

Lunch	Amount	Calories
- - - -	- - - -	- - - - -
- - - -	- - - -	- - - - -
- - - -	- - - -	- - - - -
- - - -	- - - -	- - - - -

Total Calories: _____

Time:_____ Where:_____

How do you feel about your meal?

1   2   3   4   5

○   ○   ○   ○   ○

Dinner	Amount	Calories	Time:_____ Where:_____
- - - - - - - - - -			How do you feel about your meal?
- - - - - - - - - -			1 2 3 4 5
- - - - - - - - - -			☹ 🙁 😐 🙂 😄
- - - - - - - - - -			○ ○ ○ ○ ○

Total Calories: _____

Snack	Amount	Calories	Time	Where
- - - - - - - -				
- - - - - - - -				
- - - - - - - -				

Total Calories: _____

Total Daily Calories: [_____]

Exercise	Desired Goal	Actual Goal	Calories Burned
- - - - - - - - - -			
- - - - - - - - - -			
- - - - - - - - - -			

Total Calories Burned:_____

Daily Happiness Score

How happy are you with your food & exercise today?

Food (1-5) :_____+_____+_____=_____ ÷ _____=_____

Exercise (1-5) :_____

Win tomorrow today! Fill out tomorrow exercise activities ☐

DAY *80*

Date:

"Never regret taking a chance, even if you fall on your face; it's better to know you tried and failed than to wonder the great 'what if?'" - Devin Frye

☐ ☐ ☐ ☐
☐ ☐ ☐ ☐   ☐ ☐ ☐ ☐
                  ☐ ☐ ☐ ☐

Today, I am grateful for:

Breakfast	Amount	Calories

Time:_____ Where:_____

How do you feel about your meal?

1   2   3   4   5
○   ○   ○   ○   ○

Total Calories: _____

Lunch	Amount	Calories

Time:_____ Where:_____

How do you feel about your meal?

1   2   3   4   5
○   ○   ○   ○   ○

Total Calories: _____

C Dinner	Amount	Calories	Time:_____ Where:_____
- - - - - -	- - - - -	- - - - -	**How do you feel about your meal?**
- - - - - -	- - - - -	- - - - -	1 2 3 4 5
- - - - - -	- - - - -	- - - - -	😖 😟 😐 🙂 😊
- - - - - -	- - - - -	- - - - -	○ ○ ○ ○ ○

Total Calories: _____

🥤 Snack	Amount	Calories	Time	Where
- - - - -	- - - - -	- - - - -	- - - - -	- - - - -
- - - - -	- - - - -	- - - - -	- - - - -	- - - - -
- - - - -	- - - - -	- - - - -	- - - - -	- - - - -

Total Calories: _____

Total Daily Calories: _____

🏃 Exercise	Desired Goal	Actual Goal	Calories Burned
- - - - -	- - - - -	- - - - -	- - - - -
- - - - -	- - - - -	- - - - -	- - - - -
- - - - -	- - - - -	- - - - -	- - - - -

Total Calories Burned:_____

Daily Happiness Score

How happy are you with your food & exercise today?

🍽 Food (1-5) :_____ +_____ +_____ =_____ ÷ _____ =_____

🏃 Exercise (1-5) :_____

Win tomorrow today! Fill out tomorrow exercise activities ☐

10 Day Recap

Time to measure your
**DISCIPLINE
AND HAPPINESS!**

My biggest achievement over the last 10 days:

My biggest challenge over the last 10 days:

Possible solutions to my challanges:

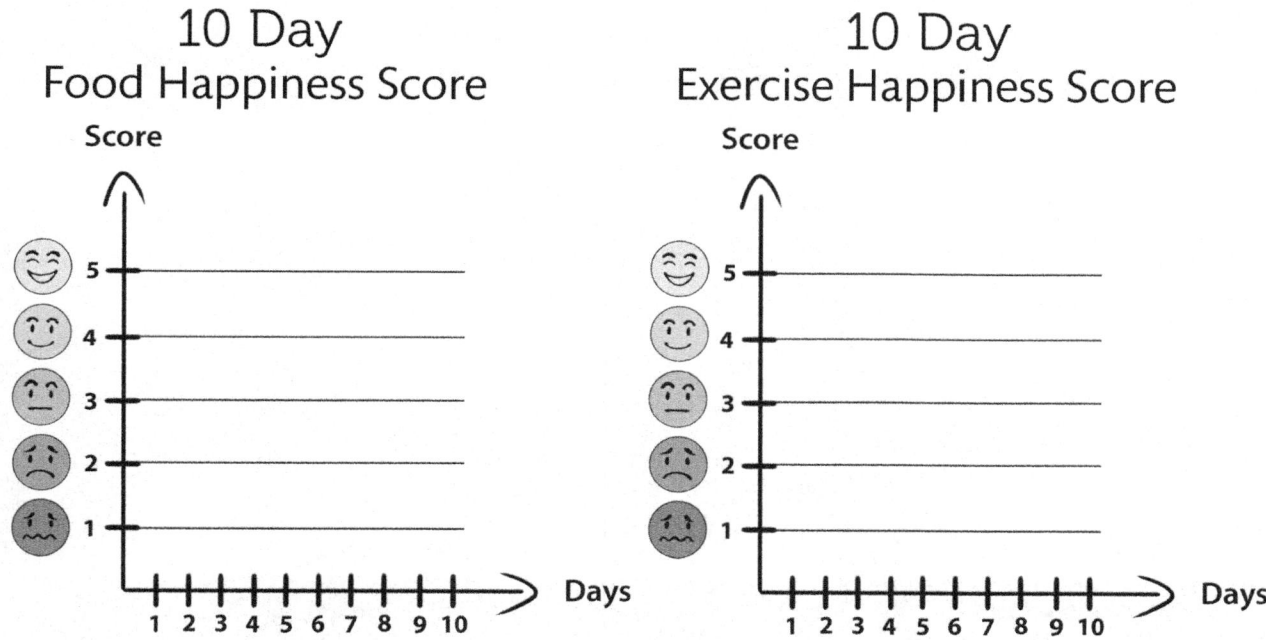

10 Day
Food Happiness Score

10 Day
Exercise Happiness Score

Food Happiness Average: Total score from 10 days: _____ ÷ 10 = _____

Excercise Happiness Average: Total score from 10 days: _____ ÷10 = _____

Did I become more disciplined with food and excercise in the last 10 days? **Y N**

To become more disciplined with my food over the next 10 days, I will:

To become more disciplined with my excercise over the next 10 days, I will:

YOU ARE 80% COMPLETED!

LET'S KEEP GOING!

DAY 81

Date:
_____

"It is a shame for a man to grow old without seeing the beauty and strength of which his body is capable." - Socrates

☐ ☐ ☐ ☐
☐ ☐ ☐ ☐

☐ ☐ ☐ ☐
☐ ☐ ☐ ☐

Today, I am grateful for:

Breakfast	Amount	Calories
- - - - -	- - - -	- - - - -
- - - - -	- - - -	- - - - -
- - - - -	- - - -	- - - - -
- - - - -	- - - -	- - - - -

Time:_____Where:_____

How do you feel about your meal?

1   2   3   4   5
○   ○   ○   ○   ○

Total Calories: _____

Lunch	Amount	Calories
- - - -	- - - -	- - - - -
- - - -	- - - -	- - - - -
- - - -	- - - -	- - - - -
- - - -	- - - -	- - - - -

Time:_____Where:_____

How do you feel about your meal?

1   2   3   4   5
○   ○   ○   ○   ○

Total Calories: _____

C Dinner	Amount	Calories	Time:_____ Where:_____
- - - - - - - -	- - - - - -	- - - - - -	How do you feel about your meal?
- - - - - - - -	- - - - - -	- - - - - -	1 2 3 4 5
- - - - - - - -	- - - - - -	- - - - - -	☹ ☹ 😐 🙂 😄
- - - - - - - -	- - - - - -	- - - - - -	○ ○ ○ ○ ○

Total Calories: _____

🥤 Snack	Amount	Calories	Time	Where
- - - - -	- - - - -	- - - - -	- - - - -	- - - - -
- - - - -	- - - - -	- - - - -	- - - - -	- - - - -
- - - - -	- - - - -	- - - - -	- - - - -	- - - - -

Total Calories: _____

Total Daily Calories: [   ]

🏃 Exercise	Desired Goal	Actual Goal	Calories Burned
- - - - -	- - - - -	- - - - -	- - - - -
- - - - -	- - - - -	- - - - -	- - - - -
- - - - -	- - - - -	- - - - -	- - - - -

Total Calories Burned:_____

Daily Happiness Score

How happy are you with your food & exercise today?

🍽 Food (1-5) :_____ + _____ + _____ = _____ ÷ _____ = _____

🏃 Exercise (1-5) :_____

Win tomorrow today! Fill out tomorrow exercise activities ☐   202

Date:
_____

"Taking chances on opportunities, even if they aren't right for you, gives you a clearer picture of where you want to go with your life and career." -
Lauren Bush Lauren

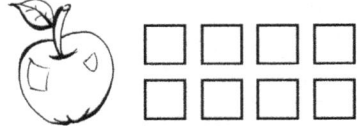

Today, I am grateful for:

Breakfast	Amount	Calories
- - - - - -	- - - - -	- - - - -
- - - - - -	- - - - -	- - - - -
- - - - - -	- - - - -	- - - - -
- - - - - -	- - - - -	- - - - -

Time:_____Where:_____

How do you feel about your meal?

1	2	3	4	5
◯	◯	◯	◯	◯

Total Calories: _____

Lunch	Amount	Calories
- - - - - -	- - - - -	- - - - -
- - - - - -	- - - - -	- - - - -
- - - - - -	- - - - -	- - - - -
- - - - - -	- - - - -	- - - - -

Time:_____Where:_____

How do you feel about your meal?

1	2	3	4	5
◯	◯	◯	◯	◯

Total Calories: _____

C Dinner	Amount	Calories	Time:_____ Where:_____
- - - - - - - - - - - - - - - - -			How do you feel about your meal?
- - - - - - - - - - - - - - - - -			
- - - - - - - - - - - - - - - - -			
- - - - - - - - - - - - - - - - -			

How do you feel about your meal?

1	2	3	4	5
○	○	○	○	○

Total Calories: _____

🥤 Snack	Amount	Calories	Time	Where
- - - - - - - - - - - - -				
- - - - - - - - - - - - -				
- - - - - - - - - - - - -				

Total Calories: _____

Total Daily Calories: [_____]

🏃 Exercise	Desired Goal	Actual Goal	Calories Burned
- - - - - - - - - - - - -			
- - - - - - - - - - - - -			
- - - - - - - - - - - - -			

Total Calories Burned:_____

Daily Happiness Score

How happy are you with your food & exercise today?

🍲 Food (1-5) :_____ +_____ +_____ =_____ ÷ _____ = _____

🏃 Exercise (1-5) :_____

Win tomorrow today! Fill out tomorrow exercise activities ☐

204

DAY 83

Date: _____

"Take a chance! All life is a chance. The man who goes farthest is generally the one who is willing to do and dare." - Dale Carnegie

☐☐☐☐
☐☐☐☐

☐☐☐☐
☐☐☐☐

Today, I am grateful for:

Breakfast	Amount	Calories
- - - - - - - - - -	- - - - -	- - - - -
- - - - - - - - - -	- - - - -	- - - - -
- - - - - - - - - -	- - - - -	- - - - -
- - - - - - - - - -	- - - - -	- - - - -

Time:_____Where:_____

How do you feel about your meal?

1   2   3   4   5
○   ○   ○   ○   ○

Total Calories: _____

Lunch	Amount	Calories
- - - - - - - - - -	- - - - -	- - - - -
- - - - - - - - - -	- - - - -	- - - - -
- - - - - - - - - -	- - - - -	- - - - -

Time:_____Where:_____

How do you feel about your meal?

1   2   3   4   5
○   ○   ○   ○   ○

Total Calories: _____

☾ Dinner	Amount	Calories	Time:_____ Where:_____
- - - - - - - - - - - - - - -	- - - - - - - - -	- - - - - - - -	How do you feel about your meal?
- - - - - - - - - - - - - - -	- - - - - - - - -	- - - - - - - -	1 2 3 4 5
- - - - - - - - - - - - - - -	- - - - - - - - -	- - - - - - - -	○ ○ ○ ○ ○
- - - - - - - - - - - - - - -	- - - - - - - - -	- - - - - - - -	

Total Calories: _____

🥤 Snack	Amount	Calories	Time	Where
- - - - - - - - - -	- - - - - - - -	- - - - - - -	- - - - - - -	- - - - - - - -
- - - - - - - - - -	- - - - - - - -	- - - - - - -	- - - - - - -	- - - - - - - -
- - - - - - - - - -	- - - - - - - -	- - - - - - -	- - - - - - -	- - - - - - - -

Total Calories: _____

Total Daily Calories: [_____]

🏃 Exercise	Desired Goal	Actual Goal	Calories Burned
- - - - - - - - - - - - - -	- - - - - - - -	- - - - - - -	- - - - - - -
- - - - - - - - - - - - - -	- - - - - - - -	- - - - - - -	- - - - - - -
- - - - - - - - - - - - - -	- - - - - - - -	- - - - - - -	- - - - - - -

Total Calories Burned:_____

Daily Happiness Score

How happy are you with your food & exercise today?

🍽 Food (1-5) :_____ + _____ + _____ = _____ ÷ _____ = _____

🏃 Exercise (1-5) :_____

Win tomorrow today! Fill out tomorrow exercise activities ☐

DAY 84

Date: _____

"Consistency is only suitable for ridicule." - Molire

 ☐☐☐ ☐☐☐   ☐☐☐ ☐☐☐

Today, I am grateful for:

Breakfast	Amount	Calories	Time:_____ Where:_____
- - - - - - -	- - - -	- - - -	**How do you feel about your meal?**
- - - - - - -	- - - -	- - - -	1 2 3 4 5
- - - - - - -	- - - -	- - - -	😣 😟 😐 🙂 😄
- - - - - - -	- - - -	- - - -	○ ○ ○ ○ ○

Total Calories: _____

Lunch	Amount	Calories	Time:_____ Where:_____
- - - - - - -			**How do you feel about your meal?**
- - - - - - -			1 2 3 4 5
- - - - - - -			😣 😟 😐 🙂 😄
- - - - - - -			○ ○ ○ ○ ○

Total Calories: _____

Dinner	Amount	Calories	Time:_____ Where:_____
- - - - - - -			
- - - - - - -			How do you feel about your meal?
- - - - - - -			
- - - - - - -			

How do you feel about your meal?

1	2	3	4	5
○	○	○	○	○

Total Calories: _____

Snack	Amount	Calories	Time	Where
- - - - - -				
- - - - - -				
- - - - - -				

Total Calories: _____

Total Daily Calories: [_____]

Exercise	Desired Goal	Actual Goal	Calories Burned
- - - - - -			
- - - - - -			
- - - - - -			

Total Calories Burned:_____

Daily Happiness Score

How happy are you with your food & exercise today?

Food (1-5) :_____ + _____ + _____ = _____ ÷ _____ = _____

Exercise (1-5) :_____

Win tomorrow today! Fill out tomorrow exercise activities ☐

DAY 85

Date: _____

"It is exercise alone that supports the spirits, and keeps the mind in vigor." - Marcus Tullius Cicero

☐☐☐☐
☐☐☐☐

☐☐☐☐
☐☐☐☐

Today, I am grateful for:

Breakfast	Amount	Calories
- - - - -	- - - -	- - - - -
- - - - -	- - - -	- - - - -
- - - - -	- - - -	- - - - -
- - - - -	- - - -	- - - - -

Total Calories: _____

Time: _____ Where: _____

How do you feel about your meal?

1　　2　　3　　4　　5
○　　○　　○　　○　　○

Lunch	Amount	Calories
- - - -	- - - -	- - - - -
- - - -	- - - -	- - - - -
- - - -	- - - -	- - - - -

Total Calories: _____

Time: _____ Where: _____

How do you feel about your meal?

1　　2　　3　　4　　5
○　　○　　○　　○　　○

C Dinner	Amount	Calories	Time:_____ Where:_____
- - - - - - - - -	- - - - - - -	- - - - - - -	How do you feel about your meal?
- - - - - - - - -	- - - - - - -	- - - - - - -	1 2 3 4 5
- - - - - - - - -	- - - - - - -	- - - - - - -	
- - - - - - - - -	- - - - - - -	- - - - - - -	

Total Calories: _____

Snack	Amount	Calories	Time	Where
- - - - - -	- - - - - -	- - - - - -	- - - - - -	- - - - - -
- - - - - -	- - - - - -	- - - - - -	- - - - - -	- - - - - -
- - - - - -	- - - - - -	- - - - - -	- - - - - -	- - - - - -

Total Calories: _____

Total Daily Calories: [   ]

Exercise	Desired Goal	Actual Goal	Calories Burned
- - - - - -	- - - - - -	- - - - - -	- - - - - -
- - - - - -	- - - - - -	- - - - - -	- - - - - -
- - - - - -	- - - - - -	- - - - - -	- - - - - -

Total Calories Burned:_____

Daily Happiness Score

How happy are you with your food & exercise today?

Food (1-5) :_____+_____+_____=_____ ÷ _____=_____

Exercise (1-5) :_____

Win tomorrow today! Fill out tomorrow exercise activities ☐

Date:

_____

"Life's not about sitting at home in front of the TV waiting for your life to begin. Get out there and take some chances." - Queen Latifah

☐ ☐ ☐ ☐
☐ ☐ ☐ ☐

☐ ☐ ☐ ☐
☐ ☐ ☐ ☐

Today, I am grateful for:

Breakfast	Amount	Calories
- - - - - -	- - - - -	- - - - -
- - - - - -	- - - - -	- - - - -
- - - - - -	- - - - -	- - - - -
- - - - - -	- - - - -	- - - - -

Time:_____ Where:_____

How do you feel about your meal?

1	2	3	4	5
☹	☹	😐	🙂	😄
○	○	○	○	○

Total Calories: _____

Lunch	Amount	Calories
- - - - - -	- - - - -	- - - - -
- - - - - -	- - - - -	- - - - -
- - - - - -	- - - - -	- - - - -
- - - - - -	- - - - -	- - - - -

Time:_____ Where:_____

How do you feel about your meal?

1	2	3	4	5
☹	☹	😐	🙂	😄
○	○	○	○	○

211

Total Calories: _____

C Dinner	Amount	Calories	Time:_____ Where:_____
- - - - - - - - - - - - - - - - -	- - - - -	- - - - -	**How do you feel about your meal?**
- - - - - - - - - - - - - - - - -	- - - - -	- - - - -	1 2 3 4 5
- - - - - - - - - - - - - - - - -	- - - - -	- - - - -	☹ ☹ 😐 🙂 😄
- - - - - - - - - - - - - - - - -	- - - - -	- - - - -	○ ○ ○ ○ ○

Total Calories: _____

🥤 Snack	Amount	Calories	Time	Where
- - - - - - - - - - - - -	- - - - -	- - - - -	- - - - -	- - - - -
- - - - - - - - - - - - -	- - - - -	- - - - -	- - - - -	- - - - -
- - - - - - - - - - - - -	- - - - -	- - - - -	- - - - -	- - - - -

Total Calories: _____

Total Daily Calories: [   ]

🏃 Exercise	Desired Goal	Actual Goal	Calories Burned
- - - - - - - - - - - - -	- - - - -	- - - - -	- - - - -
- - - - - - - - - - - - -	- - - - -	- - - - -	- - - - -
- - - - - - - - - - - - -	- - - - -	- - - - -	- - - - -

Total Calories Burned:_____

Daily Happiness Score

How happy are you with your food & exercise today?

🍽 Food (1-5) :____+____+____=____ ÷ ____=____

🏃 Exercise (1-5) :____

Win tomorrow today! Fill out tomorrow exercise activities ☐

DAY 87

Date:
_____

"When we allow ourselves to become vulnerable, to take chances, and to risk our pride, that is when we find our own glory." - Richard Corman

Today, I am grateful for:

☀ Breakfast	Amount	Calories
- - - - - - - - -	- - - - - -	- - - - - -
- - - - - - - - -	- - - - - -	- - - - - -
- - - - - - - - -	- - - - - -	- - - - - -
- - - - - - - - -	- - - - - -	- - - - - -

Time:_____Where:_____

How do you feel about your meal?

1   2   3   4   5
○   ○   ○   ○   ○

Total Calories: _____

☀ Lunch	Amount	Calories
- - - - - - - - -	- - - - - -	- - - - - -
- - - - - - - - -	- - - - - -	- - - - - -
- - - - - - - - -	- - - - - -	- - - - - -
- - - - - - - - -	- - - - - -	- - - - - -

Time:_____ Where:_____

How do you feel about your meal?

1   2   3   4   5
○   ○   ○   ○   ○

Total Calories: _____

C Dinner	Amount	Calories	Time:_____ Where:_____
- - - - -	- - - - -	- - - - -	**How do you feel about your meal?**
- - - - -	- - - - -	- - - - -	1 2 3 4 5
- - - - -	- - - - -	- - - - -	○ ○ ○ ○ ○
- - - - -	- - - - -	- - - - -	

Total Calories: _____

🍿 Snack	Amount	Calories	Time	Where
- - - - -	- - - - -	- - - - -	- - - - -	- - - - -
- - - - -	- - - - -	- - - - -	- - - - -	- - - - -
- - - - -	- - - - -	- - - - -	- - - - -	- - - - -

Total Calories: _____

Total Daily Calories: [_____]

🏃 Exercise	Desired Goal	Actual Goal	Calories Burned
- - - - -			
- - - - -			
- - - - -			

Total Calories Burned:_____

Daily Happiness Score

How happy are you with your food & exercise today?

🍽 Food (1-5) :____ + ____ + ____ = ____ ÷ ____ = ____

🏃 Exercise (1-5) :____

Win tomorrow today! Fill out tomorrow exercise activities ☐ 214

DAY 88

Date: _____

"If you are never scared, embarrassed or hurt, it means you never take chances." - Julia Soul

Today, I am grateful for:

Breakfast	Amount	Calories
- - - - -	- - - -	- - - - -
- - - - -	- - - -	- - - - -
- - - - -	- - - -	- - - - -

Time:_____ Where:_____

How do you feel about your meal?

1	2	3	4	5
☹	☹	😐	🙂	😄
○	○	○	○	○

Total Calories: _____

Lunch	Amount	Calories
- - - - -	- - - -	- - - - -
- - - - -	- - - -	- - - - -
- - - - -	- - - -	- - - - -

Time:_____ Where:_____

How do you feel about your meal?

1	2	3	4	5
☹	☹	😐	🙂	😄
○	○	○	○	○

Total Calories: _____

C Dinner	Amount	Calories	Time:_____ Where:_____
- - - - - -		- - - - -	How do you feel about your meal?
- - - - - -		- - - - -	
- - - - - -		- - - - -	
- - - - - -		- - - - -	

How do you feel about your meal?

1	2	3	4	5
○	○	○	○	○

Total Calories: _____

🥤 Snack	Amount	Calories	Time	Where
- - - - -				
- - - - -				
- - - - -				

Total Calories: _____

Total Daily Calories: [_____]

🏃 Exercise	Desired Goal	Actual Goal	Calories Burned
- - - - -			
- - - - -			
- - - - -			

Total Calories Burned:_____

Daily Happiness Score

How happy are you with your food & exercise today?

🍽 Food (1-5) :_____+_____+_____=_____ ÷ _____=_____

🏃 Exercise (1-5) :_____

Win tomorrow today! **Fill out tomorrow exercise activities** ☐

DAY 89

Date: _____

"True consistency, that of the prudent and the wise, is to act in conformity with circumstances, and not to act always the same way under a change of circumstances." - John C. Calhoun

☐☐☐☐
☐☐☐☐

☐☐☐☐
☐☐☐☐

Today, I am grateful for:

Breakfast	Amount	Calories
- - - - - -	- - - - - -	- - - - - -
- - - - - -	- - - - - -	- - - - - -
- - - - - -	- - - - - -	- - - - - -
- - - - - -	- - - - - -	- - - - - -

Time:_____ Where:_____

How do you feel about your meal?

1   2   3   4   5
○   ○   ○   ○   ○

Total Calories: _____

Lunch	Amount	Calories
- - - - - -	- - - - - -	- - - - - -
- - - - - -	- - - - - -	- - - - - -
- - - - - -	- - - - - -	- - - - - -
- - - - - -	- - - - - -	- - - - - -

Time:_____ Where:_____

How do you feel about your meal?

1   2   3   4   5
○   ○   ○   ○   ○

Total Calories: _____

◖ Dinner	Amount	Calories	Time:_____ Where:_____
- - - - - - - - - - - -		- - - - -	**How do you feel about your meal?**
- - - - - - - - - - - -		- - - - -	1 2 3 4 5
- - - - - - - - - - - -		- - - - -	☹ ☹ 😐 🙂 😄
- - - - - - - - - - - -		- - - - -	○ ○ ○ ○ ○

Total Calories: _____

🍱 Snack	Amount	Calories	Time	Where
- - - - - - - -				
- - - - - - - -				
- - - - - - - -				

Total Calories: _____

Total Daily Calories: [_____]

🏃 Exercise	Desired Goal	Actual Goal	Calories Burned
- - - - - - - -			
- - - - - - - -			
- - - - - - - -			

Total Calories Burned:_____

Daily Happiness Score

How happy are you with your food & exercise today?

🍽 Food (1-5) :_____+_____+_____=_____ ÷ _____=_____

🏃 Exercise (1-5) :_____

Win tomorrow today! Fill out tomorrow exercise activities ☐ 218

DAY *90*

Date: _____

"It's not what we do once in a while that shapes our lives. It's what we do consistently." - Anthony Robbins

Today, I am grateful for:

_____

☀ Breakfast	Amount	Calories
- - - - - - - -	- - - - - - -	- - - - - - -
- - - - - - - -	- - - - - - -	- - - - - - -
- - - - - - - -	- - - - - - -	- - - - - - -
- - - - - - - -	- - - - - - -	- - - - - - -

Total Calories: _____

Time:_____Where:_____

How do you feel about your meal?

1   2   3   4   5
○   ○   ○   ○   ○

☀ Lunch	Amount	Calories
- - - - - - - -	- - - - - - -	- - - - - - -
- - - - - - - -	- - - - - - -	- - - - - - -
- - - - - - - -	- - - - - - -	- - - - - - -
- - - - - - - -	- - - - - - -	- - - - - - -

Total Calories: _____

Time:_____Where:_____

How do you feel about your meal?

1   2   3   4   5
○   ○   ○   ○   ○

Dinner	Amount	Calories	Time:_____ Where:_____
- - - - - - - - - -			How do you feel about your meal?
- - - - - - - - - -			
- - - - - - - - - -			
- - - - - - - - - -			

How do you feel about your meal?

1	2	3	4	5
☹	☹	😐	🙂	😄
○	○	○	○	○

Total Calories: _____

Snack	Amount	Calories	Time	Where
- - - - - - - - -				
- - - - - - - - -				
- - - - - - - - -				

Total Calories: _____

Total Daily Calories: [   ]

Exercise	Desired Goal	Actual Goal	Calories Burned
- - - - - - - - -			
- - - - - - - - -			
- - - - - - - - -			

Total Calories Burned:_____

Daily Happiness Score

How happy are you with your food & exercise today?

Food (1-5) :____+____+____=____ ÷ ____ =____

Exercise (1-5) :____

Win tomorrow today! Fill out tomorrow exercise activities ☐

10 Day Recap

Time to measure your
DISCIPLINE
AND HAPPINESS!

My biggest achievement over the last 10 days:

My biggest challenge over the last 10 days:

Possible solutions to my challanges:

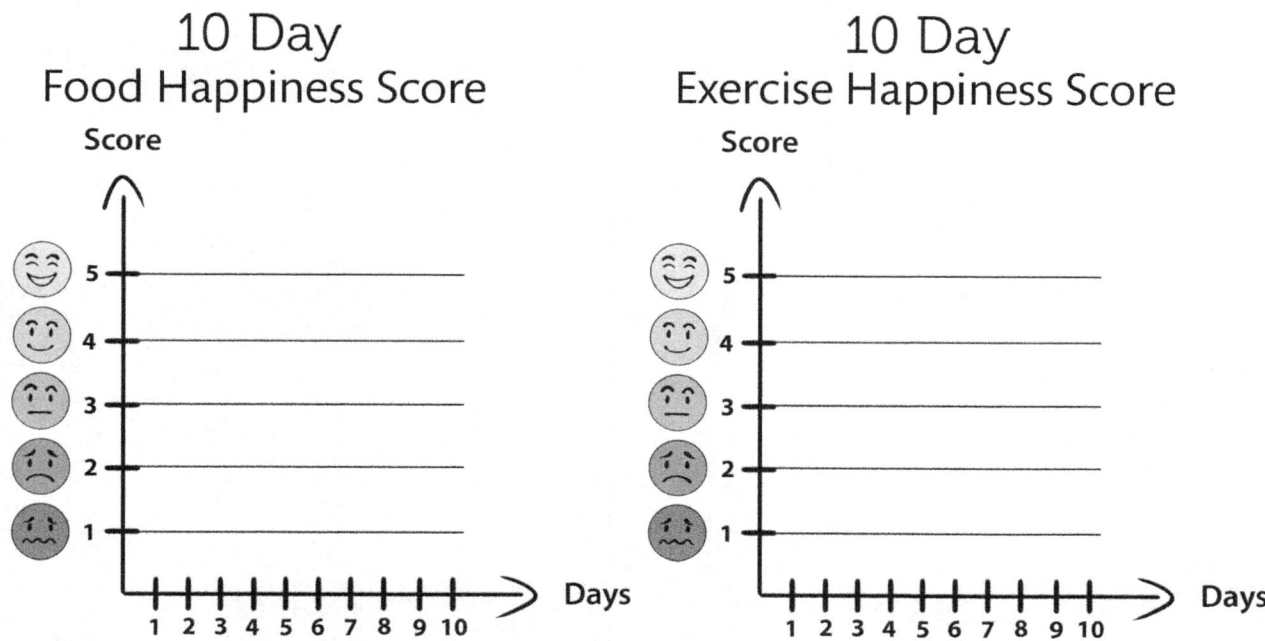

10 Day
Food Happiness Score

Score

5
4
3
2
1

Days
1 2 3 4 5 6 7 8 9 10

10 Day
Exercise Happiness Score

Score

5
4
3
2
1

Days
1 2 3 4 5 6 7 8 9 10

Food Happiness Average: Total score from 10 days: _____ ÷ 10 = _____

Excercise Happiness Average: Total score from 10 days: _____ ÷10 = _____

Did I become more disciplined with food and excercise in the last 10 days? **Y N**

To become more disciplined with my food over the next 10 days, I will:

To become more disciplined with my excercise over the next 10 days, I will:

YOU ARE 90% COMPLETED!

LET'S KEEP GOING!

DAY *91*

Date:
_____

"The reason I exercise is for the quality of life I enjoy." - Kenneth H. Cooper

☐ ☐ ☐ ☐
☐ ☐ ☐ ☐   ☐ ☐ ☐ ☐
                  ☐ ☐ ☐ ☐

Today, I am grateful for:

Breakfast	Amount	Calories
- - - - -	- - - -	- - - - -
- - - - -	- - - -	- - - - -
- - - - -	- - - -	- - - - -
- - - - -	- - - -	- - - - -

Time:_____ Where:_____

How do you feel about your meal?

1	2	3	4	5
○	○	○	○	○

Total Calories: _____

Lunch	Amount	Calories
- - - - -	- - - -	- - - - -
- - - - -	- - - -	- - - - -
- - - - -	- - - -	- - - - -
- - - - -	- - - -	- - - - -

Time:_____ Where:_____

How do you feel about your meal?

1	2	3	4	5
○	○	○	○	○

Total Calories: _____

◖ Dinner	Amount	Calories	Time:_____ Where:_____
- - - - - -	- - - - - -	- - - - -	
- - - - - -	- - - - - -	- - - - -	
- - - - - -	- - - - - -	- - - - -	
- - - - - -	- - - - - -	- - - - -	

How do you feel about your meal?

1	2	3	4	5
😣	🙁	😐	🙂	😄
○	○	○	○	○

Total Calories: _____

🥤 Snack	Amount	Calories	Time	Where
- - - - - -	- - - - - -	- - - - - -	- - - - - -	- - - - - -
- - - - - -	- - - - - -	- - - - - -	- - - - - -	- - - - - -
- - - - - -	- - - - - -	- - - - - -	- - - - - -	- - - - - -

Total Calories: _____

Total Daily Calories: [_____]

🏃 Exercise	Desired Goal	Actual Goal	Calories Burned
- - - - - -			
- - - - - -			
- - - - - -			

Total Calories Burned:_____

Daily Happiness Score

How happy are you with your food & exercise today?

🍽 Food (1-5) :_____+_____+_____=_____ ÷ _____=_____

🏃 Exercise (1-5) :_____

Win tomorrow today! Fill out tomorrow exercise activities ☐ 226

Date:
_____

"Research says getting regular exercise is one of the most effective ways to cope with stress." - Chris Meno

Today, I am grateful for:

Breakfast	Amount	Calories
- - - - - - -	- - - - -	- - - - -
- - - - - - -	- - - - -	- - - - -
- - - - - - -	- - - - -	- - - - -
- - - - - - -	- - - - -	- - - - -

Time:_____Where:_____

How do you feel about your meal?

1	2	3	4	5
○	○	○	○	○

Total Calories: _____

Lunch	Amount	Calories
- - - - - - -	- - - - -	- - - - -
- - - - - - -	- - - - -	- - - - -
- - - - - - -	- - - - -	- - - - -
- - - - - - -	- - - - -	- - - - -

Time:_____Where:_____

How do you feel about your meal?

1	2	3	4	5
○	○	○	○	○

Total Calories: _____

◐ Dinner	Amount	Calories	Time:_____ Where:_____
- - - - - - - - - - -		- - - - -	How do you feel about your meal?
- - - - - - - - - - -		- - - - -	1 2 3 4 5
- - - - - - - - - - -		- - - - -	☹ ☹ 😐 🙂 😄
- - - - - - - - - - -		- - - - -	○ ○ ○ ○ ○

Total Calories: _____

🥗 Snack	Amount	Calories	Time	Where
- - - - - - - -				
- - - - - - - -				
- - - - - - - -				

Total Calories: _____

Total Daily Calories: [_____]

🏃 Exercise	Desired Goal	Actual Goal	Calories Burned
- - - - - - - -			
- - - - - - - -			
- - - - - - - -			

Total Calories Burned:_____

Daily Happiness Score

How happy are you with your food & exercise today?

🍽 Food (1-5) :_____+_____+_____=_____ ÷ _____=_____

🏃 Exercise (1-5) :_____

Win tomorrow today! **Fill out tomorrow exercise activities** ☐   228

DAY 93

Date: _____

"Consistency is contrary to nature, contrary to life. The only completely consistent people are the dead." - Aldous Huxley

Today, I am grateful for:

Breakfast	Amount	Calories	Time:_____ Where:_____
- - - - - - - - - - -			How do you feel about your meal?
- - - - - - - - - - -			1 2 3 4 5
- - - - - - - - - - -			
- - - - - - - - - - -			

Total Calories: _____

Lunch	Amount	Calories	Time:_____ Where:_____
- - - - - - - - - - -			How do you feel about your meal?
- - - - - - - - - - -			1 2 3 4 5
- - - - - - - - - - -			
- - - - - - - - - - -			

Total Calories: _____

Dinner

Dinner	Amount	Calories
- - - - - - - -		- - - - -
- - - - - - - -		- - - - -
- - - - - - - -		- - - - -
- - - - - - - -		- - - - -

Time:_____ Where:_____

How do you feel about your meal?

1	2	3	4	5
◯	◯	◯	◯	◯

Total Calories: _____

Snack

Snack	Amount	Calories	Time	Where
- - - - -				
- - - - -				
- - - - -				

Total Calories: _____

Total Daily Calories: [   ]

Exercise

Exercise	Desired Goal	Actual Goal	Calories Burned
- - - - -			
- - - - -			
- - - - -			

Total Calories Burned:_____

Daily Happiness Score

How happy are you with your food & exercise today?

Food (1-5) :_____ +_____ +_____ =_____ ÷ _____ =_____

Exercise (1-5) :_____

Win tomorrow today! Fill out tomorrow exercise activities ☐   230

Date:
_____

"Lack of activity destroys the good condition of every human being, while movement and methodical physical exercise save it and preserve it." - Plato

☐ ☐ ☐ ☐
☐ ☐ ☐ ☐

☐ ☐ ☐ ☐
☐ ☐ ☐ ☐

Today, I am grateful for:

Breakfast	Amount	Calories
- - - - - - -	- - - - - - -	- - - - - - -
- - - - - - -	- - - - - - -	- - - - - - -
- - - - - - -	- - - - - - -	- - - - - - -
- - - - - - -	- - - - - - -	- - - - - - -

Time:_____Where:_____

How do you feel about your meal?

1 2 3 4 5
☹ ☹ 😐 🙂 😄
○ ○ ○ ○ ○

Total Calories: _____

Lunch	Amount	Calories
- - - - - - -	- - - - - - -	- - - - - - -
- - - - - - -	- - - - - - -	- - - - - - -
- - - - - - -	- - - - - - -	- - - - - - -

Time:_____Where:_____

How do you feel about your meal?

1 2 3 4 5
☹ ☹ 😐 🙂 😄
○ ○ ○ ○ ○

Total Calories: _____

C Dinner	Amount	Calories	Time:_____ Where:_____
- - - - - - - - - - - -			How do you feel about your meal?
- - - - - - - - - - - -			
- - - - - - - - - - - -			
- - - - - - - - - - - -			

How do you feel about your meal?

1	2	3	4	5
☹	☹	😐	🙂	😄
○	○	○	○	○

Total Calories: _____

🥤 Snack	Amount	Calories	Time	Where
- - - - - - - -				
- - - - - - - -				
- - - - - - - -				

Total Calories: _____

Total Daily Calories: [   ]

🏃 Exercise	Desired Goal	Actual Goal	Calories Burned
- - - - - - - -			
- - - - - - - -			
- - - - - - - -			

Total Calories Burned:_____

Daily Happiness Score

How happy are you with your food & exercise today?

🍝 Food (1-5) :_____+_____+_____ =_____ ÷ _____=_____

🏃 Exercise (1-5) :_____

Win tomorrow today! Fill out tomorrow exercise activities ☐

DAY 95

Date: _____

"You can't go through life protecting yourself from everything. You have to take chances. Because if you don't, then you might as well not be living." - Unknown

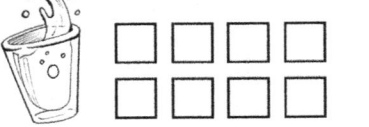

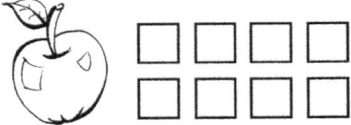

Today, I am grateful for:

☀ Breakfast	Amount	Calories
- - - - - - -	- - - - -	- - - - -
- - - - - - -	- - - - -	- - - - -
- - - - - - -	- - - - -	- - - - -
- - - - - - -	- - - - -	- - - - -

Time:_____Where:_____

How do you feel about your meal?

1	2	3	4	5
😫	🙁	😐	🙂	😄
○	○	○	○	○

Total Calories: _____

☀ Lunch	Amount	Calories
- - - - - - -	- - - - -	- - - - -
- - - - - - -	- - - - -	- - - - -
- - - - - - -	- - - - -	- - - - -
- - - - - - -	- - - - -	- - - - -

Time:_____Where:_____

How do you feel about your meal?

1	2	3	4	5
😫	🙁	😐	🙂	😄
○	○	○	○	○

Total Calories: _____

Dinner	Amount	Calories	Time:_____ Where:_____
- - - - - - -	- - - - - -	- - - - -	
- - - - - - -	- - - - - -	- - - - -	
- - - - - - -	- - - - - -	- - - - -	
- - - - - - -	- - - - - -	- - - - -	

How do you feel about your meal?

1	2	3	4	5
◯	◯	◯	◯	◯

Total Calories: _____

Snack	Amount	Calories	Time	Where
- - - - -	- - - - -	- - - - -	- - - - -	- - - - -
- - - - -	- - - - -	- - - - -	- - - - -	- - - - -
- - - - -	- - - - -	- - - - -	- - - - -	- - - - -

Total Calories: _____

Total Daily Calories: [   ]

Exercise	Desired Goal	Actual Goal	Calories Burned
- - - - -	- - - - -	- - - - -	- - - - -
- - - - -	- - - - -	- - - - -	- - - - -
- - - - -	- - - - -	- - - - -	- - - - -

Total Calories Burned:_____

Daily Happiness Score

How happy are you with your food & exercise today?

Food (1-5) :_____ + _____ + _____ = _____ ÷ _____ = _____

Exercise (1-5) :_____

Win tomorrow today! Fill out tomorrow exercise activities [ ]

Date:

_____

"Feed your fitness. Starve your mediocrity." - Krystal Breakley

☐☐☐☐
☐☐☐☐

☐☐☐☐
☐☐☐☐

Today, I am grateful for:

Breakfast	Amount	Calories
- - - - - - -	- - - - - -	- - - - - -
- - - - - - -	- - - - - -	- - - - - -
- - - - - - -	- - - - - -	- - - - - -
- - - - - - -	- - - - - -	- - - - - -

Time:_____Where:_____

How do you feel about your meal?

1	2	3	4	5
☹	☹	😐	🙂	😄
○	○	○	○	○

Total Calories: _____

Lunch	Amount	Calories
- - - - - - -	- - - - - -	- - - - - -
- - - - - - -	- - - - - -	- - - - - -
- - - - - - -	- - - - - -	- - - - - -
- - - - - - -	- - - - - -	- - - - - -

Time:_____Where:_____

How do you feel about your meal?

1	2	3	4	5
☹	☹	😐	🙂	😄
○	○	○	○	○

Total Calories: _____

C Dinner	Amount	Calories	Time:_____ Where:_____
- - - - -	- - - - -	- - - - -	How do you feel about your meal?
- - - - -	- - - - -	- - - - -	1 2 3 4 5
- - - - -	- - - - -	- - - - -	😣 😟 😐 🙂 😄
- - - - -	- - - - -	- - - - -	○ ○ ○ ○ ○

Total Calories: _____

🥣 Snack	Amount	Calories	Time	Where
- - - - -	- - - - -	- - - - -	- - - - -	- - - - -
- - - - -	- - - - -	- - - - -	- - - - -	- - - - -
- - - - -	- - - - -	- - - - -	- - - - -	- - - - -

Total Calories: _____

Total Daily Calories: [   ]

🏃 Exercise	Desired Goal	Actual Goal	Calories Burned
- - - - -	- - - - -	- - - - -	- - - - -
- - - - -	- - - - -	- - - - -	- - - - -
- - - - -	- - - - -	- - - - -	- - - - -

Total Calories Burned:_____

Daily Happiness Score

How happy are you with your food & exercise today?

🍓 Food (1-5) :_____ +_____ +_____ =_____ ÷ _____ =_____

🏃 Exercise (1-5) :_____

Win tomorrow today! Fill out tomorrow exercise activities ☐

Date:
_____

"Exercise and temperance can preserve something of our early strength even in old age." - Cicero

☐☐☐
☐☐☐

☐☐☐
☐☐☐

Today, I am grateful for:

☀ Breakfast	Amount	Calories	Time:_____ Where:_____
- - - - - - -	- - - - -	- - - - -	How do you feel about your meal?
- - - - - - -	- - - - -	- - - - -	1 2 3 4 5
- - - - - - -	- - - - -	- - - - -	😖 🙁 😐 🙂 😄
- - - - - - -	- - - - -	- - - - -	○ ○ ○ ○ ○
	Total Calories: _____		

☀ Lunch	Amount	Calories	Time:_____ Where:_____
- - - - - - -	- - - - -	- - - - -	How do you feel about your meal?
- - - - - - -	- - - - -	- - - - -	1 2 3 4 5
- - - - - - -	- - - - -	- - - - -	😖 🙁 😐 🙂 😄
- - - - - - -	- - - - -	- - - - -	○ ○ ○ ○ ○

237

Total Calories: _____

Dinner

Amount	Calories	Time:_____ Where:_____
- - - - - - - - - - - - - - - - - -		
- - - - - - - - - - - - - - - - - -		
- - - - - - - - - - - - - - - - - -		
- - - - - - - - - - - - - - - - - -		

How do you feel about your meal?

1	2	3	4	5
○	○	○	○	○

Total Calories: _____

Snack

Amount	Calories	Time	Where
- - - - - - - - - - - -			
- - - - - - - - - - - -			
- - - - - - - - - - - -			

Total Calories: _____

Total Daily Calories: _____

Exercise

	Desired Goal	Actual Goal	Calories Burned
- - - - - - - - - -			
- - - - - - - - - -			
- - - - - - - - - -			

Total Calories Burned:_____

Daily Happiness Score

How happy are you with your food & exercise today?

Food (1-5) :_____+_____+_____ =_____ ÷ _____=_____

Exercise (1-5) :_____

Win tomorrow today! Fill out tomorrow exercise activities ☐

DAY 98

Date: _____

"Be passionate about your life. Learn to live without the fear of failing.
Take a chance, you just might surprise yourself." - Nishan Panwar

☐ ☐ ☐ ☐
☐ ☐ ☐ ☐

☐ ☐ ☐ ☐
☐ ☐ ☐ ☐

Today, I am grateful for:

Breakfast	Amount	Calories
- - - - -	- - - - -	- - - - -
- - - - -	- - - - -	- - - - -
- - - - -	- - - - -	- - - - -
- - - - -	- - - - -	- - - - -

Time:_____ Where:_____

How do you feel about your meal?

1   2   3   4   5
○   ○   ○   ○   ○

Total Calories: _____

Lunch	Amount	Calories
- - - - -	- - - - -	- - - - -
- - - - -	- - - - -	- - - - -
- - - - -	- - - - -	- - - - -
- - - - -	- - - - -	- - - - -

Time:_____ Where:_____

How do you feel about your meal?

1   2   3   4   5
○   ○   ○   ○   ○

239

Total Calories: _____

Dinner	Amount	Calories	Time:_____ Where:_____
- - - - - - - - - - - -		- - - - - - -	**How do you feel about your meal?**
- - - - - - - - - - - -		- - - - - - -	1 2 3 4 5
- - - - - - - - - - - -		- - - - - - -	○ ○ ○ ○ ○
- - - - - - - - - - - -		- - - - - - -	

Total Calories: _____

Snack	Amount	Calories	Time	Where
- - - - - - -	- - - - - - -	- - - - - - -	- - - - - - -	- - - - - - -
- - - - - - -	- - - - - - -	- - - - - - -	- - - - - - -	- - - - - - -
- - - - - - -	- - - - - - -	- - - - - - -	- - - - - - -	- - - - - - -

Total Calories: _____

Total Daily Calories: [_____]

Exercise	Desired Goal	Actual Goal	Calories Burned
- - - - - - -	- - - - - - -	- - - - - - -	- - - - - - -
- - - - - - -	- - - - - - -	- - - - - - -	- - - - - - -
- - - - - - -	- - - - - - -	- - - - - - -	- - - - - - -

Total Calories Burned:_____

Daily Happiness Score

How happy are you with your food & exercise today?

Food (1-5) :_____+_____+_____=_____ ÷ _____=_____

Exercise (1-5) :_____

Win tomorrow today! **Fill out tomorrow exercise activities** ☐

DAY 99

Date:

_____

"No one's ever achieved financial fitness with a January resolution that's abandoned by February." - Suze Orman

Today, I am grateful for:

Breakfast	Amount	Calories
- - - - - - -	- - - - - - -	- - - - - - -
- - - - - - -	- - - - - - -	- - - - - - -
- - - - - - -	- - - - - - -	- - - - - - -
- - - - - - -	- - - - - - -	- - - - - - -

Time:_____Where:_____

How do you feel about your meal?

1   2   3   4   5

Total Calories: _____

Lunch	Amount	Calories
- - - - - - -	- - - - - - -	- - - - - - -
- - - - - - -	- - - - - - -	- - - - - - -
- - - - - - -	- - - - - - -	- - - - - - -

Time:_____Where:_____

How do you feel about your meal?

1   2   3   4   5

Total Calories: _____

◐ Dinner	Amount	Calories	Time:_____ Where:_____
- - - - - - - - -	- - - - - - -	- - - - - - -	How do you feel about your meal?
- - - - - - - - -	- - - - - - -	- - - - - - -	
- - - - - - - - -	- - - - - - -	- - - - - - -	
- - - - - - - - -	- - - - - - -	- - - - - - -	

How do you feel about your meal?

1	2	3	4	5
😖	🙁	😐	🙂	😄
○	○	○	○	○

Total Calories: _____

🧺 Snack	Amount	Calories	Time	Where
- - - - - - - - - -	- - - - - - -	- - - - - - -	- - - - - - -	- - - - - - - - - -
- - - - - - - - - -	- - - - - - -	- - - - - - -	- - - - - - -	- - - - - - - - - -
- - - - - - - - - -	- - - - - - -	- - - - - - -	- - - - - - -	- - - - - - - - - -

Total Calories: _____

Total Daily Calories: [_____]

🏃 Exercise	Desired Goal	Actual Goal	Calories Burned
- - - - - - - - - -	- - - - - - -	- - - - - - -	- - - - - - - - - -
- - - - - - - - - -	- - - - - - -	- - - - - - -	- - - - - - - - - -
- - - - - - - - - -	- - - - - - -	- - - - - - -	- - - - - - - - - -

Total Calories Burned:_____

Daily Happiness Score

How happy are you with your food & exercise today?

🍳 Food (1-5) :_____ + _____ + _____ = _____ ÷ _____ = _____

🏃 Exercise (1-5) :_____

Win tomorrow today! Fill out tomorrow exercise activities ☐

DAY *100*

Date:
_____

"The human body is the best picture of the human soul." - Ludwig Wittgenstein

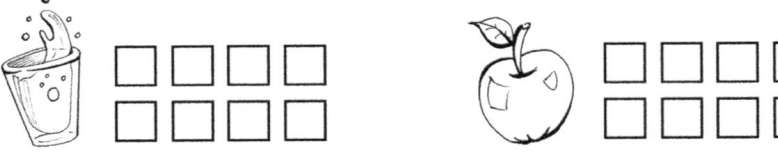

Today, I am grateful for:

☀ Breakfast	Amount	Calories
- - - - - -	- - - - - -	- - - - - -
- - - - - -	- - - - - -	- - - - - -
- - - - - -	- - - - - -	- - - - - -
- - - - - -	- - - - - -	- - - - - -

Time:_____Where:_____

How do you feel about your meal?

1   2   3   4   5

○   ○   ○   ○   ○

Total Calories: _____

☀ Lunch	Amount	Calories
- - - - - -	- - - - - -	- - - - - -
- - - - - -	- - - - - -	- - - - - -
- - - - - -	- - - - - -	- - - - - -
- - - - - -	- - - - - -	- - - - - -

Time:_____Where:_____

How do you feel about your meal?

1   2   3   4   5

○   ○   ○   ○   ○

Total Calories: _____

C Dinner	Amount	Calories
- - - - - - - -	- - - - - -	- - - - -
- - - - - - - -	- - - - - -	- - - - -
- - - - - - - -	- - - - - -	- - - - -
- - - - - - - -	- - - - - -	- - - - -

Time:_____ Where:_____

How do you feel about your meal?

1	2	3	4	5
○	○	○	○	○

Total Calories: _____

Snack	Amount	Calories	Time	Where
- - - - - -	- - - - -	- - - - -	- - - - -	- - - - -
- - - - - -	- - - - -	- - - - -	- - - - -	- - - - -
- - - - - -	- - - - -	- - - - -	- - - - -	- - - - -

Total Calories: _____

Total Daily Calories: [   ]

Exercise	Desired Goal	Actual Goal	Calories Burned
- - - - - -	- - - - -	- - - - -	- - - - -
- - - - - -	- - - - -	- - - - -	- - - - -
- - - - - -	- - - - -	- - - - -	- - - - -

Total Calories Burned:_____

Daily Happiness Score

How happy are you with your food & exercise today?

Food (1-5) :_____ + _____ + _____ = _____ ÷ _____ = _____

Exercise (1-5) :_____

Win tomorrow today! Fill out tomorrow exercise activities ☐

CONGRATULATIONS!

You did it! Well done! Congratulations! Write down what you have accomplished, and how it feels!

2/02/20   33"   173 lbs
2/13/20   171 lbs

                    waist
12/? /19   185 lbs
12/26   184
1/1/20   183
1/9   37"   180
1/21   36"   179
1/31   177
2/4   175   · 10 lbs
2/5   174
2/12   33"   173
2/13   171

Ready to master self-discipline and achieve any goals you seek in life?

Get my book "Badass Self-Discipline: Wake Up Your Badass Within, Build Self-Discipline and Achieve Your Goals"

This book is written for you—the badass in dire need of realistic and practical ways to build and maintain self-discipline.

My aim for this book is to wake up the badass within you, so you can achieve any dreams you desire in life. Whether it be losing weight, getting out of debt or growing a beard, just like all the other successful people, with the right knowledge and attitude, you are set to succeed.

In this book you will learn about:

- **The key secrets of self-discipline**: why some people have success, and most do not? It all comes down to a few vital points you will learn in this book.

- **No more daydreaming**: learn how through self-discipline, you can turn your dreams into reality. It doesn't matter if you want to lose weight, improve relationships, own a Mercedes or live on the moon, with the knowledge you will learn, you can do it!

- **Fight instead of fail**: learn why and how your failures can be used to get out of your comfort-zone and discover the endless possibilities for success.

- **Face fear**: understand the core reasons behind fear and use self-discipline to cultivate the qualities and mindset of successful people.

- **Stand your ground**: learn how to stay focused to your goal despite all the distraction of this noisy world. How to set your own rules, defend them and teach others around you to act according to the rules you set.

- **Discover what happens after success**, and find out how to maintain it. Know the number one enemy that can take your success away, and how to fight back and keep it at bay.

- **And so much, much more...**

If any of the above resonates with you, then congratulations! You are making that critical first step to becoming a self-disciplined badass who CAN and WILL overcome any challenges and obstacles in order to achieve anything you seek in life.

Get this book now and let start the journey together...

BADASS
SELF-DISCIPLINE

BERGER MCDONALD

Check out my other books at www.AwesomeHappyBadass.com

Made in the USA
Coppell, TX
26 January 2020

15009913R00142